Der Rückgang der Spielkultur und der Verlust sozialer Bindungen

Wer heute spielende Kinder sehen will, muss lange suchen. Bei einer groß angelegten Jugendstudie, die seit Jahrzehnten als Längsschnittstudie durchgeführt wird, sind schockierende Ergebnisse zutage gefördert worden. Während 2002 noch 42 Prozent der Jugendlichen auf die Frage «Was mache ich gerne in der Natur?» angibt: «Geländespiele», waren es bereits fünf Jahre später nur noch 30 Prozent. Für die «Nachtwanderung» konnten sich 2002 noch 81 Prozent der Jugend begeistern, 2007 lediglich 51 Prozent (Brämer 2012). In der aktuellen UNICEF-Studie unter 21 Industrieländern über das Wohlbefinden unserer Kinder rangiert Deutschland abgeschlagen auf Platz 18.

Deutschland ist demnach das Land der traurigen Kinder – und einer der Staaten, in denen Kinder am wenigsten spielen. Gleichzeitig ist es das Land, in dem seine Erziehungspäpste am liebsten schon Kindergärten zu kleinen akademischen Experimentierlabors machen wollen. Und in dem das Thema «Spiel» in den Bildungsplänen der Bundesländer so gut wie ausgerottet ist. Aber auch Erwachsene wollen und können nicht mehr spielen. Wer kennt denn heute noch mehr als drei Geländespiele? Oder hat auf Anhieb eine Handvoll klassischer Kinderspiele, ein Minimum an Sport-, Orientierungs- oder Nachtspielen parat? Hand aufs Herz – kaum einer unter uns ist dazu in der Lage. Es scheint, als ob große Teile der Spielkultur vom Aussterben bedroht seien. Gründe dafür werden gegenwärtig vermehrt gesucht. Die Antworten sind uneinheitlich und verwirrend. Eines ist jedoch augenfällig: Kinder spielen heute noch genauso viel wie früher. Nur – sie spielen nicht mehr in der Natur und im Freien. Sie spielen auch nicht mehr miteinander, mit Freunden, Eltern und Geschwistern. Sie spielen stattdessen mit der Playstation, oder sie spielen Computerspiele. 59 Prozent unserer Kinder von 6 bis 13 nutzen das Internet für Online-Spiele, 27 Prozent als Download für Spiele und Programme und 17 Prozent für Glücksspiele (Statista 2008). Im Schnitt verbringen die 15-Jährigen heute täglich knapp sieben Stunden vor Bildschirmen, zweieinhalb Stunden davon spielen sie Computerspiele. Hier spielen Jugendliche sogar so leidenschaftlich und obsessiv, dass es mittlerweile ein Heer von Computerspielsüchtigen gibt. 3 Prozent aller fünfzehnjährigen Jungs in Deutschland ist de facto computerspielsüchtig (das sind über 14.000 Jugendliche). An Berliner Grundschulen wurden zur selben Zeit die Schüler nach ihren drei Lieblingsspielen gefragt. Die Liste führen Computerspiele wie «Counterstrike» an, die in der Alterseinstufung als Killer- oder Ego-Shooter-Spiel erst ab 16 freigegeben sind. Auch Erwachsene zeigen mehr und mehr ihre Vorliebe für Computerspiele. 1,5 Millionen Deutsche sind heute aktive Computerspieler, also organisierte Mitglieder von Clans, Gilden und Communities, die ganz der Welt der

Computerspiele ergeben sind. Echte Freundschaften und Beziehungen werden durch Bekanntschaften und unstete Spielkumpanen in virtuellen Welten verdrängt.
Der Niedergang der Spielkultur hängt also zum einen damit zusammen, dass sie zunehmend durch Computerspiele verdrängt wird, zum anderen aber auch damit, dass sich die Qualität der Spiele in den letzten Jahrzehnten drastisch verschlechtert hat. Während früher viele Spiele ihren Ursprung noch im alten, weisheitsvollen Volkstum hatten oder gar aus spirituellen Hintergründen stammten, sind die Spielewelten heute banalisiert.
Bei Spielen wie dem «Tarot» werden diese alten verborgenen Geheimnisse offenkundig. In ihm beschreiben die Arkanas aus dem alten Weisheitsbuch «Thot» die verschlungenen Wege der Initiation, den Stufenweg der Einweihung. Auch im Schachspiel werden Weltengesetze in verborgener Weise vermittelt (Turm = physischer Leib, Pferd = Lebensleib, Läufer = Seelenleib, Königin / König = Ich / Selbst usw.) Weitere Beispiele: das früher beliebte Gänsespiel (der Spieler durchläuft 63 Felder, jedes siebte Feld ist ein Aktionsfeld), bei dem die Gesetzmäßigkeit der menschlichen Biografie verschlüsselt wurde (Goethe: «Das Leben ist ein Gänsespiel»; siehe auch S. 222 f.); «Himmel und Hölle» (ein Geschicklichkeitsspiel, bei dem man auf Feldern hüpft) als Abbild eines menschlichen «Aufstiegs»; althergebrachte Ballspiele wie «Brennball» (Lauf um ein Spielfeld mit Etappen), bei dem der Weg der Inkarnation nachgespielt wird, oder Geländespiele wie «Räuber und Gendarm», «Bannemann», «Fahnenraub», bei denen Urtriebe, z.B. der Kampf zwischen Gut und Böse, versinnbildlicht sind. Auch in den volkstümlichen Spielen und vielen traditionellen Reigen, Geländespielen usw., die bis vor einer Generation noch landläufig gespielt wurden, scheinen diese Weisheiten eingegraben zu sein. Die «Bergung» dieser alten Volksspiele wäre daher eine verdienstvolle kulturelle Aufgabenstellung.

Neben dem Niedergang der Spielkultur kann man auch einen Rückgang der Freundschaftskultur beobachten. Das fängt im engeren Kreis der Partnerschaft bereits an. Seit zwei Generationen wächst in Deutschland stetig die Scheidungsrate, und die Zahl der Eheschließungen nimmt jährlich ab; die Zahl der Singles und der alleinerziehenden Frauen und Männer steigt dagegen. Und nur noch 1 Prozent der Haushalte in Deutschland sind heute Mehrgenerationenhaushalte. All das drückt die nachlassende Fähigkeit der Bürger aus, in Partnerschaften und Gemeinschaften leben zu können. Wir sind eine Gesellschaft der Einsamen geworden. Einsamkeit ist ein wesentliches Moment der Moderne. Parallel zur Entwicklung der Einsamkeit und sozialen Isolation steigt die Anzahl der Depressionen und des Burnout-Syndroms in der Gesellschaft.
Umso notwendiger sind heute Mittel und Methoden, die den modernen Menschen wieder in die Gemeinschaft zurückholen können. Die hier beschriebenen Teamspiele sind dazu ein wichtiger Beitrag.

Was sind Teamspiele?

Wer nach pädagogisch wertvollen Interaktionsspielen und nach intensiven Gruppenspielen sucht, wird bei den Teamspielen gewiss fündig. Sie unterscheiden sich von anderen Spieltypen durch folgende Kriterien:

1. Kooperation und Teamentwicklung

Bei den meisten Spieltypen geht es letztlich um nichts anderes als um das simple Gewinnen und Verlieren. Derjenige, der während des Spiels die meisten Mitspieler geschlagen hat, ist der Beste und schließlich der Sieger. Nach diesem Prinzip funktionieren ebenfalls die Sportspiele, die sogenannten Mannschaftsspiele. Hier sind lediglich mehrere Einzelkämpfer gleichzeitig zur Erreichung des Ziels nötig, um gegen irgendeinen Gegner zu gewinnen.
Teamspiele dagegen setzen nicht auf Mannschaften als Summe von Einzelkämpfern, sondern auf Teams. Der Zweck ist nicht der Sieg über einen Gegner und das Mittel die Zusammenarbeit; der Zweck ist die Zusammenarbeit an und für sich – und das Mittel die Schulung der Gemeinschaftsfähigkeit. Der Weg ist das Ziel. Die Entwicklung sozialer Kompetenzen ist Ziel und Zweck der Teamspiele. Gewonnen hat, wer in und von der Gemeinschaft gelernt hat.

2. Strategie und Transfer

Während sich alle anderen Spieltypen im Spielen des Spiels erschöpfen, bieten die Teamspiele eine zusätzliche Dimension: die Dimension der Strategiebildung! Kein Teamspiel, das ohne eine vorher gemeinsam entwickelte Strategie gemeistert werden kann. So bestehen die Teamspiele aus drei Phasen und drei Grundelementen: 1. der Strategiefindung, 2. der Spieldurchführung, 3. der Spiel-Evaluation bzw. dem Transfer. Durch diese zusätzlichen Dimensionen heben sich die Teamspiele von den «Normalspielen» ab und werden zu Methoden, die zur gezielten und systematischen Entwicklung sozialer Kompetenzen eingesetzt werden können. Professionelle Trainer und Erlebnispädagogen haben dies erkannt und setzen die Teamspiele erfolgreich z.B. bei der Analyse und Diagnose von Gruppendynamiken, bei Teamtrainings oder Outdoortrainings für Kollegien und Firmen ein.

3. Natur und Beheimatung

Die allermeisten Spiele finden heute in Innenräumen statt. Brett- und Gesellschaftsspiele, sogar die meisten Sportspiele werden in Hallen gespielt, erst recht die heute so «erfolgreichen» Computerspiele.

Nicht so die Teamspiele, denn sie werden größtenteils in der Natur gespielt, ja sie sind regelrecht für die Natur gedacht und gemacht. In Gelände- oder anderen Teamspielen verwandelt sich die Natur für die Teilnehmer in einen realen «Spielpartner». Damit das Spiel gelingen kann, müssen Natur und Landschaft sogar zu einem Verbündeten gemacht werden. Dies schafft wiederum unmittelbare Nähe zur Natur und ein Gefühl der Geborgenheit und Beheimatung. Die Natur ist so nicht länger eine «Kulisse» (wie meist bei den «Natursportarten»), die «idealisierte Wildnis» (wie gelegentlich in der Naturpädagogik) oder bloßes «Sportgerät» (wie z.B. bei den Mannschaftsspielen).

4. Bewegen und Erleben

Viele Spiele sind heute nicht ganzheitlich, sondern einseitig. So tendieren populäre Spiele oft in eine intellektualistische Richtung. Zahlreiche Spiele gleichen etwa der Mühle-Adaption mit lebenden Spielfiguren; selbst bei bekannten Kooperationsspielen wie «Schachbrett», «Elektrozaun» usw. dominieren die technischen Fähigkeiten.
Die andere Einseitigkeit der heutigen Spielwelten ist deren «Versportung». Schon Rudolf Steiner beschrieb den Unterschied zwischen dem gesunden Spiel und dem Sport folgendermaßen: «Bei alldem kann man unterscheiden: gesundes Spielen am rechten Ort, und Sport. Gesundes Spielen ist, sich so beschäftigen, dass man Freude hat in der Bewegung am gesunden Denken und Fühlen. Sport ist deshalb schlecht, weil man sich bloß bewegt ohne jegliches Denken, sodass man dabei empfindungsfaul werden kann.» (Rudolf Steiner, GA 300, S. 300)
In beiden Fällen ist die Folge das «seelenlose Spiel», da die Kräfte entweder zu sehr in den Kopf oder zu sehr ins Körperliche geleitet werden. Die Teamspiele dagegen erstreben im Spiel selbst die Ganzheitlichkeit, bei der Geist, Seele und Körper gleichermaßen beansprucht werden.
Daneben gibt es weitere Spieltypen, von denen sich die Teamspiele distanzieren; dazu gehören Glücksspiele, Kriegsspiele, PC-Spiele, Kampfspiele, Wettspiele, Erotikspiele, Blamierspiele, Lebensmittelspiele und gefährliche Mutproben.

Philosophie der Teamspiele

Der Wert der Teamspiele zeichnet sich durch folgende Kriterien aus:

1. Sinnhaftigkeit

Teamspiele sind keine reinen «Spaß-» oder gar «Blödelspiele». Und im besten Falle sind sie auch keine künstlichen oder erdachten Spiele, sondern bergen einen «wahren Kern». Er hat z.B. mit alten kulturellen Traditionen (z.B. bei Bauprojekten wie dem Hüttenbau), früheren zivilisatorischen Prozessen (bei Orientierungsspielen wie «Parkuring»), phylogenetisch existenziellen Situationen (bei Nachtspielen wie «Ban-

redselige «Diplomat» sich in Geduld üben, da er weiß, dass sein Part erst kommt, wenn er z.B. für die (vom Schöpfer entwickelte) Idee die Trommel rühren soll.

Übt eine Gruppe regelmäßig das Spiel mit den Teamtypen, stellen sich alsbald angenehme Effekte ein; vor allem breitet sich ein entkrampfender sozialer Friede aus, denn jeder weiß sich in seinen Stärken (und Schwächen) erkannt und angenommen. Unnötige Reibungsverluste durch Buhlereien um insgeheim angestrebte Rollen fallen erleichternd weg, denn jetzt sind die Rollen aufgedeckt und miteinander abgeglichen. Dass dabei auch Meetings und Konferenzen wesentlich pointierter und produktiver ablaufen, braucht kaum erwähnt zu werden.

Durch die Differenzierung der einzelnen Teamtypen kann sich außerdem ein Bewusstsein für Konfliktkonstellationen entwickeln – ein Aspekt, der ebenfalls mithilfe der Teamspiele gewonnen werden kann. Die klassischen Konfliktachsen, die an dieser Stelle nur skizzenhaft angedeutet werden können (S. 13), wären:

1. Leiter – Team. Der Leiter agiert aus eigennützigen Machtinteressen und bringt damit die Teammitglieder gegen sich auf (die «Palastrevolte»).

2. Macher – Experte. Der Macher will sofort loslegen, doch er wird vom Experten gebremst, der die Idee grundsätzlich erörtern will (die «Grundsatzdebatte» entzündet sich).

3. Organisator – Schöpfer. Der Organisator plant das Projekt auf Millimeterpapier; dem Schöpfer fehlt es an «Lebendigkeit» (ein «Chaos-Streit» entsteht).

4. Diplomat – Vertrauter. Der Diplomat will öffentlich punkten, der sensible Vertraute dagegen sucht den leisen Ton (hier tut sich die «Mobbing-Falle» auf).

Zu den Altersangaben und dem Einsatz der Teamspiele

Bezüglich der Alterseinteilung der Teamspiele gilt folgende Faustformel: Je mehr die Kopfarbeit gegenüber der «Beinarbeit» überwiegt, desto älter sollten die Spieler sein.

- Strategiespiele mit hohem planerischem Anspruch: ab 14 Jahren
- Sport- und Geländespiele mit unkompliziertem Spielgedanken und wenig Regelwerk: ab 10 Jahren

Wo einzelne Spiele im Folgenden von dieser generellen Altersangabe deutlich abweichen, wird dies eigens gekennzeichnet.

Sicherheitsaspekte und Sicherheitsvorkehrungen (z.B. bei sportlich anspruchsvollen Spielen), auf die bei den jeweiligen Spielbeschreibungen hingewiesen wurde, sind bei Kindern und Jugendlichen natürlich genau zu beachten. Der Spielleiter hat in dieser Hinsicht eine besondere Verantwortung.

Teamspiele oder kooperative Abenteuerspiele sind heute in den Firmentrainings, der Schulung von Führungskräften und der Organisationsentwicklung nicht mehr wegzudenken. Auch an den Universitäten und Hochschulen gelten sie in sämtlichen pädagogischen und sozialen Fachbereichen als besonders wertvoll und ertragreich. Ihr enormes Potenzial zeigen sie aber vor allem in schwierigen biografischen und sozialen Situationen: bei gefährdeten Jugendlichen, in der Drogenhilfe, bei Straffälligen und sozial Auffälligen. Weniger bekannt sind dagegen ihre unschätzbaren Möglichkeiten für den Einsatz an den Schulen – sei es im Unterricht, bei Projekten, bei Sport- und Spielfesten, für Pausen, Hort, Wandertage und insbesondere bei Klassenfahrten.

Zum Schluss noch ein Hinweis für diejenigen, die diese Spiele im privaten oder gar im beruflichen Feld einsetzen wollen. Einerseits bieten Teamspiele wesentlich mehr als andere Spielearten, andererseits verlangen sie vom Spielleiter deutlich höhere Kompetenzen als üblicherweise, damit ihre Potenziale sich entfalten können. Wer deshalb als Spielleiter die Besonderheiten der Teamspiele ganz ausschöpfen will, dem sei hiermit ans Herz gelegt, sich eine spezifische Fortbildung zu gönnen. Diese Fortbildungen werden speziell von verschiedenen Anbietern erlebnispädagogischer Inhalte angeboten.

Strategiespiele

«Wenn du ein Schiff bauen willst, dann trommle nicht Männer zusammen um Holz zu beschaffen, Aufgaben zu vergeben und die Arbeit einzuteilen, sondern lehre die Männer die Sehnsucht nach dem weiten, endlosen Meer.»
Antoine de Saint-Exupéry (aus: Die Stadt in der Wüste / Citadelle)

Strategiespiele haben es in sich. Sie sind die kniffligsten Spiele, die es gibt. Wer gleich drauflos spielt, wird hier garantiert sein Waterloo-Erlebnis einstecken müssen. Wer aber Strategiespiele spielt, übt sich in Umsicht und Weitblick. Und erfährt, wie wichtig es für ein Projekt ist, zunächst die Sehnsucht nach dem weiten Meer zu entfachen.

A bis Z

Material: 1 liegender Baumstamm (bzw. 1 Stange, 1 Geländer o.Ä.), mindestens so lang, dass alle bequem darauf stehen können
Variante 1: verschiedene Gegenstände zum Transportieren
Gelände: im Freien (z.B. mit einem Baumstamm) oder in einem großen Raum (z.B. mit einer Reihe von Stühlen oder anderen Geräten zum Balancieren)
Gruppe: ab 8 Teilnehmern
Zeit: ca. 15 Minuten

Der Spielleiter weist die Teilnehmer an, sich nebeneinander auf einen Baumstamm (bzw. ein schmales Geländer o.Ä.) zu stellen. Dann fordert er die Gruppe dazu auf, sich nach bestimmten Gesichtspunkten auf dem Baumstamm neu zu ordnen. Beispielsweise: Stellt euch in der Reihenfolge eurer Geburtstage auf. Oder: nach dem Alter; der Entfernung der Heimat- oder der Geburtsorte zum Spielort; der Körpergröße usw. Der Clou dabei ist jedoch, dass die Spieler den Boden nicht betreten dürfen! Also: Luft anhalten, Bauch einziehen und wie Seiltänzer aneinander vorbeischleichen! Berührt ein Spieler dennoch den Boden, muss die Gruppe 10 Sekunden warten, oder der entsprechende Teilnehmer muss von vorn beginnen. Um das Gefühl für das gegenseitige Helfen zu unterstützen, kann auch vereinbart werden, dass die direkten Nachbarn des heruntergefallenen Spielers (d.h. diejenigen, die ihm nicht ausreichend geholfen haben), an den Ausgangspunkt zurück müssen.
Soll das Spiel gleichzeitig zum Einstieg in Inhalte eingesetzt werden, können auch thematisch orientierte Fragen gestellt werden. (Beispiel: Stellt euch in der Reihenfolge auf, wie sehr ihr der Meinung seid, Erlebnispädagogik habe im Behindertenbereich und an Sonderschulen nichts zu suchen. Wer ganz dieser Auffassung ist, steht am Anfang der Reihe, dessen Gegenspieler am Ende.)
Es empfiehlt sich, eine Zeitbeschränkung vorzugeben (eine Gruppe von 20 Teilnehmern braucht ca. 5 Minuten reine Aktionszeit).

Varianten

1. Die Gruppe hat gleichzeitig die Aufgabe, bestimmte Gegenstände mitzutransportieren (brennende Kerzen; ein gefülltes Glas; ein Tablett …).
2. Das Spiel ist auch auf anderen Gegenständen durchführbar:
   - auf einem Kreis von Stühlen (sie sollten einen Abstand von ca. 10 – 80 cm haben; an einer Stelle ist der Stuhlkreis unterbrochen, damit die Aufgabe erschwert ist)
   - auf einer Wippe (hier kommt die Aufgabe des Gleichgewichthaltens hinzu: bei normalen Wippen sollte ein Ende stets stabil auf dem Boden sein. Diese Aufgabe ist nur mit sportlich ambitionierten Gruppen möglich.)
3. Einige Spieler werden mit «Handicaps» versehen: Es kann «Blinde» geben, «Stumme», «Eingeschränkte» (ein Arm oder beide Arme sind «unbrauchbar», d.h. in der Hosentasche). Beispiel: Die Gruppe soll sich stumm nach Sternzeichen (oder dem Lieblingsland; der Lieblingssportart …) ordnen. Erlaubt ist dabei allerdings nur die Pantomimensprache!
4. *Seitenwechsel:* Die Gruppe teilt sich in zwei Mannschaften, die sich an den Enden des Baumstamms aufstellen. Auf Kommando versuchen beide Gruppen gleichzeitig, rasch das andere Ende des Stamms zu erreichen. Bei besonders schmalen Baumstämmen ist es notwendig, dass die gesamte Gruppe im Vorfeld eine genaue Strategie entwickelt.

- Mit «A bis Z» kann man jede Gruppe hinter dem Ofen hervorlocken. Es eignet sich auch hervorragend als Kennenlernspiel.
- Vorsicht: Die Gruppe muss mit Körperkontakten umgehen können.
- Eine ehrgeizige Gruppe kann mit diesem Spiel leicht in Fahrt gebracht werden: «Schafft ihr es jetzt mit einer noch schwierigeren Aufgabenstellung sogar in vier Minuten?»

Tarzan

Material: 1 Seil mit einem Knoten oder einem Sitz; mehrere Reifen oder kurze Seile; 1 Schatz (z.B. eine Puppe)
Variante 1: 1 Bank, Kegel
Variante 3: verschiedene Gegenstände
Gelände: Wiese mit Baum (mit starken Ästen auf ca. 5 m Höhe)
Gruppe: ab 7 Teilnehmern
Zeit: ca. 30 Minuten

Ein Schatz muss aus einem Gefahrengebiet (einem «Teich») geborgen werden, das aber von niemandem betreten werden darf. Die Gruppe darf ein Seil, das an einem Ast befestigt ist, zum Schwingen benutzen; mit ihm können sie ins Gefahrengebiet gelangen. Im Teich gibt es mehrere «Inseln» (Reifen oder Seilkreise), die betreten werden dürfen. Allerdings liegt der Schatz ein gutes Stück hinter der letzten Insel. Falls ein Spieler mit einem Bein im Teich landet, ist dieses Bein unbrauchbar geworden; er darf nur noch mit dem anderen Bein weiterhüpfen.

Der Spielablauf gliedert sich in vier Phasen:

1. Das Seil muss (z.B. mit einem Ast) herangezogen und danach eine gute Absprungposition gefunden werden.
2. Planungen und Strategien für die jeweils ersten und letzten Seilschwinger entwickeln.
3. Die Teilnehmer schwingen nacheinander über den Teich und landen auf einer Insel. Es wird spannender, wenn die Teilnehmer auf derjenigen Insel stehen bleiben müssen, auf der sie mit *beiden* Füßen zu stehen kommen. Wer mit nur *einem* Bein gelandet ist, kann auf dem anderen Bein weiterhüpfen.
4. Die letzte Aktion ist die Bergung des Schatzes. Er sollte ca. 1,5 m vom hintersten Reifen entfernt liegen, sodass er nur durch gemeinsame Unterstützung zu holen ist.

➤ Siehe auch die Zeichnung auf Seite 239.

Varianten

1. Die Gruppe startet von einer kleinen Plattform aus, auf der anfangs alle stehen. Alle müssen sich auf eine einzige Insel retten. Als Steigerung kann zwischen Plattform und Insel ein Hindernis eingebaut werden, das nicht umgeworfen werden darf (z.B. eine Bank mit aufgestellten Kegeln).
2. Jede Insel darf höchstens von drei Füßen gleichzeitig betreten werden. Dies bedeutet, dass die Gruppe die ankommenden Seilschwinger aus der Luft aufnehmen und über die Köpfe hinweg «nach hinten durchreichen» muss.
3. Besonders knifflig wird es, wenn zudem noch sensible Gegenstände wie ein gefülltes Wasserglas auf die Insel gebracht werden müssen. Oder wenn zusätzlich Gegenstände (z.B. Bälle) aus dem Teich gefischt werden müssen; man muss sie beim Schwingen mit den Händen oder Füßen aufnehmen.
4. *Baumschwingen:* Eine weitere Steigerung ist das Hangeln «von Liane zu Liane». Je weiter die Lianen voneinander entfernt sind, desto mehr «Tarzan-Feeling» kommt auf. In einem Wald können riesige Strecken überwunden werden. Allein der Bau einer «Tarzan-Anlage» ist schon aufregend.

- Im Seil sollte ein Sitzteller oder ein Knoten angebracht sein, damit die Spieler einen besseren Griff haben. Außerdem empfiehlt sich, dass die Spieler von einer erhöhten Fläche (z.B. einem Stuhl oder Tisch) ins Seil springen.
- Nach Bedarf kann die Absprungstelle so geplant werden, dass der jeweilige Akteur nur durch Hilfe anderer ans Seil gelangen (springen) kann.
- Günstig ist eine pyramidale Aufstellung der Inseln (mit mehreren Inseln an der Basis und nur noch einer Insel vor dem Schatz).

Reifenschwingen

Material: mind. 3 Autoreifen, Helme, evtl. Sicherheitsgurte, mind. 3 feste Taue (oder Ketten), 1 Absperrband, verschiedene Gegenstände als «Schatz», Markierungen
Variante 2: verschiedene Gegenstände zum Transportieren
Gelände: Wiese mit Bäumen, Waldstück
Gruppe: 3 – 15 Teilnehmer
Zeit: ca. 60 Minuten

Drei Autoreifen werden an einer Stange oder einem langen Ast aufgehängt. Abstände zwischen Reifen 1 und 2 ca. 1,2 m; zwischen Reifen 2 und 3 ca. 1,6 m (je nach Seillänge); Reifenabstand vom Boden ca. 1,3 m.
Eine Gruppe von Spielern erhält die Aufgabe, mithilfe der Reifen über eine bestimmte Strecke («durch einen Urwald») zu kommen. Natürlich darf zwischen Start- und Ziellinie kein Spieler den Boden berühren.
Spieler 1 schaukelt von Reifen 1 zu Reifen 2 und steigt dort so ein, dass die gestreckten Beine zum Start zeigen. Jetzt schwingt Spieler 2 zu Spieler 1 und stößt mit seinen Füßen gegen dessen Füße, sodass Spieler 1 genügend Schwung erhält, um Reifen 3 zu erreichen. Dabei hält Spieler 1 den Reifen 2 und den Reifen 3 so lange fest, bis Spieler 2 *auf* dem Reifen 1 sitzt (also nicht mehr *in* ihm). Jetzt schwingt Spieler 1 dem Spieler 2 den Reifen 2 zu, in den Spieler 2 nun ebenfalls hineinklettert. Zum Schluss pendelt Spieler 1 dem Spieler 2 den Reifen 3 entgegen, den es nun noch zu «erobern» gilt. Währenddessen steigt Spieler 3 ins Spiel bei Reifen 1 ein.
Nach diesem Muster kann die Anzahl der Autoreifen fast beliebig erhöht werden; es entsteht eine regelrechte Reifenkette. Nun gilt es, verschiedene Gegenstände (einen «Schatz») durch den Reifenparcours zu transportieren.

➤ Siehe auch die Zeichnung auf Seite 239.

Varianten

1. *Reifenparcours:* In einem großen Waldstück hängen unzählige Reifen. Der Abstand der Reifen ist recht gering (0,7 m – 1,2 m), sodass eine ganze Gruppe von Spielern über die Reifen auf verschiedenen Routen durch den Urwald gelangen kann. Oder eine andere Aufgabe: Welches Team ist am schnellsten?
2. Variante 1 lässt sich durch zusätzliche Gegenstände ergänzen, die am Startbeginn mitgenommen werden können: Bretter, Kisten … Diese Gegenstände können unterwegs auf den Boden gelegt werden, sodass die Spieler sie als Brücken (zu einem nächsten Reifen oder für einen Mitspieler) benutzen können.
3. *Von Baum zu Baum:* Manche Reifen hängen besonders hoch. Die Spieler dürfen auch Baumstämme und Astgabelungen als Landeplätze benutzen. Dadurch kann man von Baum zu Baum schwingen.

- Das Spiel fordert vor allem «junge Männer» heraus. Hier können sie sehr gut ihren Mut und ihre Kraft unter Beweis stellen.
- Notwendig sind Sicherheitshelme; auch Sicherheitsgurte sind empfehlenswert.
- Auch das Aufhängen der Reifen (mit Wurfsäcken) kann zum Spiel gemacht werden.
- Das Spiel eignet sich vorzüglich innerhalb einer großen Ralley («Aventüre», siehe S. 236 f.) als besonders herausfordernde, schwierige Passage – eine exklusive Auswahl für «abenteuerhungrige Helden».
- Die Reifenabstände müssen vorher eigenhändig überprüft und auf die Leistungsfähigkeit der Gruppe abgestimmt werden.
- Wenn die Seile extrem lang sind (d.h. weit oben befestigt werden), können wunderbare Weiten überschwungen werden; das kommt dem Baumwipfelschwingen nahe. Manche sagen: Nur Fliegen ist schöner!

Die Mauer

Material: 1 Seil (ca.5 – 10 m lang), 1 Brett (mind. 2 m lang) oder 1 Bierbank; Helme, Klettergurte
Variante 1: 1 Hilfsseil
Variante 2: 1 Balken
Gelände: Wiese mit Bäumen
Gruppe: 5 – 15 Teilnehmer
Zeit: ca. 45 Minuten

Eine fiktive Mauer – ein in Kopfhöhe gespanntes Seil zwischen zwei Bäumen oder Mauerpfosten – muss von der gesamten Gruppe überwunden werden. Die Spieler müssen über «die magische Mauer» klettern, ohne sie zu berühren (auch die Mauerpfosten oder Bäume dürfen nicht berührt werden). Zur Verfügung steht der Gruppe lediglich ein Brett (mindestens 2 m lang) oder eine Bierbank. Berührt ein Spieler das Seil (die Mauer), muss er auf die Ausgangsseite zurückkehren. Das Brett darf die Mauer ebenfalls nicht berühren. Wie kommt der Erste über die Mauer? Und vor allem: Wie kommt der Letzte hinüber?

- Das Spiel lebt vom richtigen Schwierigkeitsgrad, der wiederum hauptsächlich von der Höhe der Mauer abhängig ist. Ein Hilfsseil (siehe Variante 1) vereinfacht die Aufgabe meist nicht, gibt jedoch mehr «Würze» und Sicherheit. Aber auch die Länge und die Trittsicherheit des Brettes spielen eine große Rolle. Bei unerfahrenen Gruppen kann das Brett durch eine Leiter ersetzt werden.
- Manche Gruppen verzweifeln daran, wie der Letzte über die Mauer kommt. Beispielsweise so: Er macht am seitlichen Ende des Bretts (das die übrigen Teilnehmer auf der anderen Spielfeldseite ganz fest halten und möglichst nah an ihn heranschieben) einen Felgaufschwung, zieht sich bäuchlings aufs Brett und wird dann von den Mitspielern auf die andere Seite gezogen.

Varianten

1. Es steht zusätzlich ein Seil (5 – 10 m lang) zur Verfügung. Meist wird es sehr kreativ eingesetzt: zur Sicherung einzelner Spieler oder des Hilfsbrettes. Ein Klettergurt macht die Personensicherung deutlich leichter. Diese Hilfsmittel binden in der Regel viel Aufmerksamkeit, sodass jetzt wesentlich mehr Zeit eingerechnet werden sollte.
2. *Die Turmmauer:* Statt einem Seil (als Mauerkante) kann auch ein Balken verwendet werden. Er wird in ca. 2,5 m Höhe zwischen zwei Bäumen angebracht. Es dürfen nie mehr als drei Personen auf dem Balken sein und den Kletterern helfen. Die anderen Teilnehmer geben von unten her Hilfestellungen. Die Höhe des Balkens kann je nach Können der Gruppe gesteigert werden. Achtung: Sicherheitsgurte benutzen!
3. Die Gruppe muss untereinander in permanentem Körperkontakt sein. Dafür ist das Seil gegebenenfalls deutlich niedriger.

- *Sicherheitsvorkehrungen:* Helme und Sicherheitsgurte! Den Boden nach Steinen und harten, spitzen Gegenständen absuchen! Bei unvorsichtigen Gruppen sind unnötige Stressfaktoren (ein Spiel auf Zeit, Hektik usw.) zu vermeiden. Die Mitspieler begleiten den Agierenden von unten mit ausgestreckten Armen; sie «spotten» (wie es im Klettersport heißt), d.h. sie geben Hilfestellung von unten und sorgen für die Sturz- und Fallabsicherung. Gerne wird ein Abgang über den gefährlichen Schulterstand gewählt.
- Weniger sportliche Mitspieler dürfen die Mauer durch den «Burggraben» (d.h. durch einen anderen, weniger schweren Durchgang) durchqueren. Sie können auf der anderen Seite oft wertvolle Hilfestellungen geben. Das Prinzip der Freiwilligkeit spielt hier eine große Rolle.
- Bei diesem Spiel treten besonders die Teilnehmer mit ausgeprägtem «Helfersyndrom», aber auch die «Macher» in den Vordergrund. Entsprechend wichtig ist es, dass der Prozess mit einer energischen Moderation geführt wird.

Stringball

Material: 1 Metallring (ca. 4 cm Ø), viele Tennisbälle, mind. 2 Eimer, 1 Schnur pro Spieler (mind. 2,5 m lang)
Variante 3: verschiedene Gegenstände zum Transportieren
Variante 5: 1 Filzstift, 1 großes Blatt Papier
Variante 7: Luftballons
Variante 8: Bälle
Gelände: *Variante 1:* abwechslungsreiches Gelände mit natürlichen Hindernissen, mind. 20 m lang
Variante 2: drinnen
Gruppe: 8 – 18 Teilnehmer
Zeit: ca. 30 Minuten

Mithilfe einer Schnurkonstruktion soll die Gruppe möglichst viele Tennisbälle aus einem Eimer in andere Eimer (oder andere Gefäße) in 10 – 20 m Entfernung bringen. Dabei dürfen die Tennisbälle lediglich auf dem Metallring, an dem pro Spieler eine Schnur befestigt ist, transportiert werden. Es stehen 20 Minuten dafür zur Verfügung. Die Spieler dürfen die Schnüre nur mit der Hand und nur am Ende der Schnur (mindestens 2 m vom Metallring entfernt) berühren. Alle Bälle, die unterwegs herunterfallen, sind verloren.

- Der Schwierigkeitsgrad hängt stark von der Länge der Schnüre (Seile) ab. Besonders lange Seile (5 – 10 m) machen das Spiel zu einer echten Probe für das Team.
- Unbedingt vorher testen, wie leicht der Ball vom Ring herunterfällt.

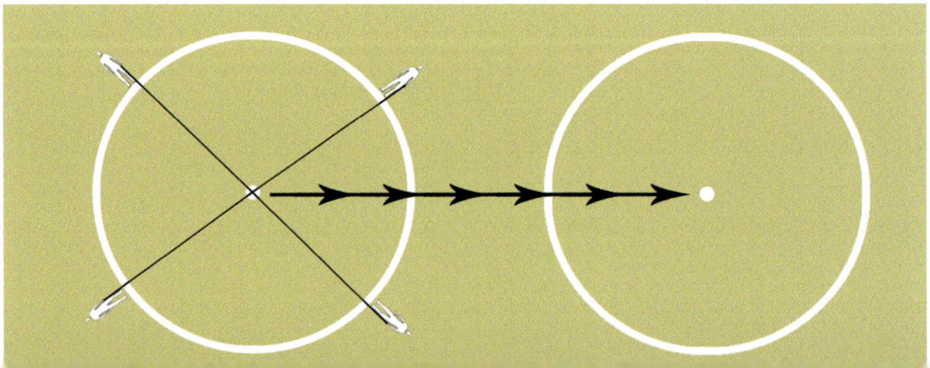

Varianten

1. *String-Parcours:* Das Gelände, durch das die Gruppe den Ball (den «Schatz») transportieren muss, ist ein Hindernisparcours. Beispielsweise muss die Gruppe über Baumstämme steigen, sich unter Äste bücken, durch Hecken und Mulden, zwischen zwei eng stehenden Bäumen hindurch etc.
2. Das Spiel eignet sich auch hervorragend für drinnen. Hier kann die Gruppe sogar durch (breite) Türen hindurch oder sich durchs Treppenhaus lavieren.
3. Es können ganz unterschiedliche Gegenstände transportiert werden: mit Wasser gefüllte Gläser, brennende Kerzen auf einem Unterteller, Luftballons, rohe Eier … Auch die Transportflächen können unterschiedlich sein; notfalls kann sogar ein Schemel oder Stuhl als Unterlage dienen. Die Sitzfläche ist bereits mit Gegenständen (s.o.) vollgestellt. Ein Teil des Spiels ist es nun, dass die Gruppe die Schnüre selbst an die Stuhlbeine bindet.
4. *String-Handicaps:* Von Platz zu Platz, von Station zu Station oder von Minute zu Minute wechseln sich die Schwierigkeiten ab: Zunächst muss die ganze Gruppe schweigen, dann werden einzelnen Spielern die Augen verbunden, später kann die halbe Gruppe nur noch auf einem Bein humpeln. Oder: Von Minute zu Minute müssen die Spieler die Schnüre wechseln. Es können auch alle Spieler «blind» sein, nur einige Außenspieler («Engel») können sehen und die Gesamtgruppe dirigieren.
5. In der Mitte des Schnurgeflechts wird ein Filzstift angebunden. Die Gruppe soll auf einem großen Papier etwas Bestimmtes zeichnen.
6. Es spielen mehrere Gruppen – auf Zeit oder gegeneinander oder in Kooperation für eine gemeinsame Aufgabe.
7. Mit den Schnüren können auch enge Netze gebildet werden, auf denen Luftballons transportiert werden.
8. *Netzball:* Oder es werden Bälle auf die Netze gelegt. Gruppe 1 schleudert den Ball zu Gruppe 2 (5 m entfernt), Gruppe 2 fängt den Ball mit dem Netz und schleudert ihn zu wieder zu Gruppe 1, die inzwischen Gruppe 2 überholt hat. Für Fortgeschrittene: Beide Gruppen laufen und versuchen, ein Ziel in 50 m zu erreichen.

Code-Knacker

Material: Pappteller in der zwei- bis dreifachen Menge der Teilnehmer, 1 Stift, 1 Seil, ca. 20 m lang
Variante 1: Papier und Bleistift
Gelände: Wiese
Gruppe: ab 10 Teilnehmern
Zeit: ca. 45 Minuten

Die Innenseiten der Pappteller werden mit Stiften nummeriert (von 1 bis 30), und die Pappteller liegen – mit der Zahl nach unten – wahllos in einem Kreis verteilt, der mit einem Seil markiert wird (ca. 6 m Durchmesser). Alle Pappteller sind mindestens 1,5 m vom Kreisrand entfernt. Die Spieler versammeln sich in etwa 20 m Entfernung vom Kreis. Aufgabe der Gruppe ist es, die Pappteller in der richtigen Reihenfolge aufzudecken. (Motto: «Nur dadurch kann der Code zum Zahlenschloss der Burg geknackt werden …») Die Gruppe hat drei Versuche, für jeden Versuch hat sie 2 Minuten Zeit. Startpunkt ist jeweils am Besprechungsplatz. Es dürfen nie mehrere Spieler gleichzeitig im Feld sein. Keiner darf pro Versuch mehr als drei Pappteller umdrehen, jeder muss mindestens einen Pappteller pro Versuch umdrehen.

Lösungsmöglichkeit:

Versuch 1: Die Gruppe rennt gemeinsam los, und die Spieler drehen nacheinander je drei Pappteller um (und legen sie wieder mit der Nummer nach unten zurück). Nach 2 Minuten endet der Versuch, und die Gruppe zieht sich in den Besprechungskreis zurück. Dort werden die Positionen der Pappteller rekonstruiert. Eine erste Einteilung der Reihenfolge der Spieler für das Umdrehen der Teller wird vereinbart.

Versuch 2 («Generalprobe»): Die Gruppe läuft zum Zahlenkreis und dreht in der besprochenen Reihenfolge die Teller um. Nach 2 Minuten zieht sie sich wieder zurück und erörtert die Fehler und Möglichkeiten der Optimierung. Eine gute Möglichkeit ist, dass sich die Spieler in gleichen Abständen um den Kreis herum aufstellen und jeweils

derjenige Spieler vom Kreisrand aus zum entsprechenden Pappteller läuft, der den kürzesten Weg hat.
Versuch 3 («Aufführung»): Die Gruppe versucht, in den 2 Minuten die Teller in der richtigen Reihenfolge nacheinander umzudrehen.

Varianten

1. Zur Erleichterung werden zusätzlich Papier und Bleistift zur Verfügung gestellt. So kann sich die Gruppe nach jedem Versuch eine Skizze mit den Positionen der Zahlen anfertigen. (Ein Überraschungseffekt entsteht, wenn die Zahlenfolge 1 bis 30 nicht vollständig ist und mehrere Zahlen fehlen.)
2. Bei dieser Version liegen dreimal so viele Pappteller aus wie Teilnehmer. Die Abstände zwischen den Papptellern betragen 0,5 m bis maximal 1 m. Die Teilnehmer müssen jetzt die Teller nicht einfach nur umdrehen, sondern sich in der richtigen Reihenfolge auf sie stellen bzw. sie berühren. «Spagat-Könner» sind hier gefragt!
3. Die Gruppe hat nur eine begrenzte Zeit zur Verfügung. Alternativ kann dafür die Anzahl der Versuche beliebig hoch sein. Möglich ist auch, dass bei den ersten Versuchen immer nur ein Spieler nach dem anderen vom Besprechungskreis aus zum Zahlenkreis laufen darf, zurücklaufen muss, den nächsten Spieler abschlagen muss, der nun als Nächster zum Zahlenkreis läuft, zwei Teller umdreht und wieder zurückkehrt. Das Spiel wird durch dieses «Staffellauf-Element» deutlich sportlicher und dynamischer. Natürlich ist für diese Probeversuche mehr Zeit zuzuteilen (5 Minuten). Lediglich der Endversuch muss gemeinsam in 2 Minuten gelöst werden.

- Dieses Spiel weckt vor allem den Ehrgeiz bei den «Tüftlern» und «Planern». Sollten sie in der Gruppe dominieren, müsste die Planungszeit klar begrenzt werden.
- Das Spiel sollte man erst beginnen, wenn die Aufgabe wirklich allen klar ist, sonst hängen die «Nicht-Tüftler» leicht ab. Wesentlich zum Erfolg des Spiels trägt auch eine gute Rahmenhandlung (ein «Plot») bei.

Eisberg

Material: 1 Stuhl pro Spieler, 1 oder mehrere stabile Tische, je nach Gruppengröße
Variante 4: verstreute Gegenstände, Kleiderbügel
Variante 5: Walkie-Talkies oder Handys
Gelände: sehr abwechslungsreich, mit verschiedenen Hindernissen. Oder (z.T.) im Haus mit Fluren, Treppenhaus, Geländer, verschiedenen Hindernissen (Tische usw.)
Gruppe: 8 – 20 Spieler
Zeit: ca. 45 Minuten

Die Gruppe («gestrandete Polarforscher») muss eine rettende Insel erreichen, ohne ins Packeis zu fallen (den Boden zu berühren); das Eiland befindet sich jedoch ca. 50 m von der Startlinie entfernt innerhalb eines mit Hindernissen gespickten Geländes (natürliche Hindernisse: Bachlauf, Gebüsch, Graben, Baumstämme usw.; künstliche Hindernisse: Bierbänke, auf Kniehöhe gespannte Seile ...). Dem Team stehen so viele Eisberge (Stühle) zur Verfügung, wie es Spieler gibt; alle Stühle befinden sich auf der vorderen Seite des Spielfelds. Zudem haben die Stühle zu Beginn einen Abstand von mindestens 2 m zueinander, nur zwei Stühle am Rand stehen dichter zusammen (ca. 1 m); man kann also mit Ausnahme jener beiden Stühle von keinem Stuhl aus den nächsten erreichen.
Nach einer Planungsphase positionieren sich alle Spieler an der vorderen Stirnseite des Spielfelds. Das eng stehende Stuhlpaar steht relativ nah an der Spielfeldmarkierung (ca. 1,5 m), sodass ihn ein sportlicher Spieler mit einem mutigen Satz erspringen kann. Ist der erste Stuhl erst einmal erobert, kann dieser Spieler den benachbarten Stuhl erklimmen und von dort aus den ersten Stuhl nachholen. Indem er Stuhl 1 zwischen Stuhl 2 und 3 stellt, kann nach und nach eine Stuhlkette aufgebaut werden. Dabei werden die Stühle raupenartig von hinten nach vorne weitergereicht. (Der hinterste, freie Stuhl wird nach vorne gereicht und abgestellt, alle Spieler wandern einen Stuhl weiter nach vorne, der hinterste Stuhl wird wieder frei und erneut nach vorne gereicht usw.)
So schlängelt sich die gesamte Gruppe durch das hindernisreiche Gelände. (Manche Teams spielen auch in zwei Untergruppen, andere sogar in Zweierteams.) Jetzt wird es prickelnd: «Ab hier ist die Eisdecke zu dünn!» Das heißt, die Spieler bewegen sich

eine Strecke balancierend, mit ihrem Stuhl in der Hand, über Stämme, Balken, Bäume usw. hinweg. Am Ende des Parcours rettet sich die Gruppe mit Mann und Maus auf die kleine Insel (einen Tisch, der gerade alle Spieler aufnehmen kann).
Achtung: Stühle auf dem Boden sind «eingefroren», sie können nicht geschoben, sondern nur gehoben werden!

Varianten

1. Alle Spieler befinden sich am Anfang auf Bäumen. Ein mutiger Spieler erobert den nächstliegenden Stuhl. Nach und nach werden alle Spieler mithilfe einer Stuhlreihe zunächst aus den Bäumen geholt werden müssen.
2. Das Spiel ist hervorragend auch für drinnen geeignet. Es kann in einem großen Raum gemeinsam beginnen (hier muss der erste Stuhl erobert werden). Auf dem Weg zur Insel müssen Flure, Treppenhäuser, Geländer usw. überwunden werden.
3. *Nebelfeld:* Unvorhergesehene Erschwernisse können das Spiel sehr aufregend machen. Die Gruppe dringt plötzlich in ein Nebelfeld ein, und alle Spieler im Nebelfeld sind «blind». In anderen Geländeabschnitten dagegen darf nicht mehr gesprochen werden. Eine harte Nuss: Die Hälfte der Spieler wird «einarmig»!
4. Im Gelände sind wahllos Gegenstände verstreut («ein Sturm hat Gepäck und Proviant der Mannschaft verweht»). In der vorgegebenen Zeit müssen möglichst viele dieser Gegenstände aufgelesen und auf die Insel gebracht werden. Wird dabei der Boden berührt, ist die Hand unbrauchbar («erfroren»). Bestimmte Gegenstände dürfen nur mit Kleiderbügeln (Haken) aufgehoben werden.
5. Es starten mehrere Expeditionsgruppen gleichzeitig von verschiedenen Orten. Sie stehen mit Walkie-Talkies (bzw. Handys) in Kontakt. Die Insel darf nur gleichzeitig betreten werden.

➤ Die Dauer des Spiels hängt vor allem davon ab, wie weit die Insel entfernt ist und wie schwierig die Hindernisse und Erschwernisse auf dem Weg dorthin sind.

➤ Zeitvorgaben erhöhen stark die Spannung in diesem Spiel.

Rettung

Material: Baustellenbänder, Heringe zum Befestigen, Mannschaftsbänder, evtl. Wäscheklammern, evtl. Aufgabenkarten
Gelände: große, ebene Wiese
Gruppe: mind. 20 Spieler
Zeit: ca. 60 Min.
Alter: ab 14 Jahren

Wer «Rettung» spielt, wird an den Brettspiel-Klassiker «Risiko» erinnert; allerdings ist es keineswegs – wie jenes – ein militärisches Strategiespiel. Statt wie bei «Risiko» die Welt mit Krieg zu überziehen und am Ende die ganze Welt zu erobern, geht es bei «Rettung» darum, Frieden zu schließen und die Welt zu retten.

Zunächst wird auf einer großen Wiese eine «Weltkarte» ausgelegt; die Ländergrenzen werden mit Baustellenbändern markiert. Anschließend werden zwei Mannschaften gebildet: die Mannschaft der «Retter» und die der «Terroristen». Diese haben die ganze Welt besetzt, bis auf zwei Länder, die jeweils am Anfang und am Ende der Welt liegen: das «Land der Retter» und das «Eldorado». Gelingt es den Rettern, sich durch die Länder der Terroristen zu kämpfen und Eldorado zu erreichen, verhindern sie dadurch die Weltherrschaft der Bösen.

Zu Spielbeginn besetzen die «Bösen» sämtliche Länder der Welt mit mindestens einem ihrer Spieler, die «Retter» dagegen beziehen das Land, das ganz am Anfang der Welt liegt. Den ersten Zug darf die Rettermannschaft ausführen und ein Nachbarland

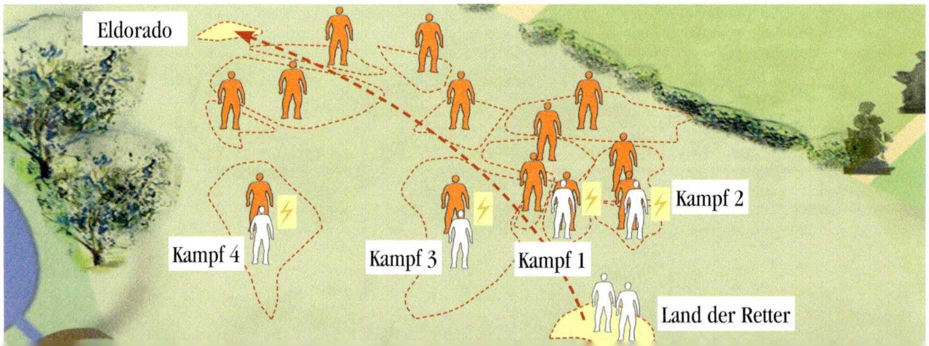

angreifen. «Angriffe» bestehen aus verschiedenen Arten von Wettkämpfen: Geschicklichkeitsaufgaben, sportliche Wettkämpfe, Schiebekämpfe, Tauziehen, notfalls auch Knobeleien (z.B. «Stein, Schere, Papier»), künstlerische oder musische Aufgaben. Die angreifende Mannschaft darf den Wettkampf vorgeben. Etwa: «Wir greifen mit unseren acht Spielern England an, auf dem sechs Spieler sind; wenn es bei uns mehr Spieler gibt, die einen Handstand können, als bei euch, dann bekommen wir dieses Land.» Nur diejenigen Spieler, die gemeinsam in einem Land stehen, dürfen ein benachbartes Land angreifen; natürlich kann es auch zu einem Duell zweier einzelner Spieler kommen.
Hat eine Mannschaft erfolgreich angegriffen, darf sie das Land einnehmen und einen neuen Angriff starten – so lange, bis ihr Angriff scheitert; in diesem Fall darf sie ihre Spieler auf die eigenen Länder neu verteilen. Jetzt kommt die Gegenmannschaft zum Zug und darf nach freier Wahl ein Land angreifen. Je mehr Spieler auf einem Land stehen, desto schwerer ist es einzunehmen. – Können die Retter Eldorado erreichen? Oder dringen die Bösen bis ins Land der Retter vor?

Varianten

1. Es kann vorher vereinbart werden, dass die Mannschaft, die verliert, auch Spieler abtreten muss – wie viele, das kann vorab frei vereinbart werden.
2. *Weltrettung:* Näher am Brettspiel «Risiko» ist das Spiel, wenn es drei oder mehrere Mannschaften gibt, die sich anfangs die Welt unter sich aufteilen und nach und nach versuchen, sie für sich zu erobern.
3. Die Angriffe (Wettspiele) können auch Wissensfragen aus einem Lerngebiet sein und vom Spielleiter gestellt werden. Wer zuerst die Antwort weiß, hat gewonnen.
4. Es kann an zwei oder mehreren Fronten gleichzeitig gekämpft werden. Bei einer ziemlich großen Gruppe kommt dadurch mehr Dynamik ins Geschehen.

➤ Vom Spielleiter werden vorher Aufgabenkarten geschrieben. Vor einem Angriff zieht die Angreifergruppe eine Karte; somit entscheidet das Los über die Aufgabenstellung.

Sportspiele

«Ideale Übungen sind diejenigen, die sowohl den Körper als auch den Geist einbeziehen und stärken. Nur solche Übungen können den Menschen gesund erhalten.»

Mahatma Gandhi

Sportspiele sind Spiele mit einer Extraportion Bewegung. Es sind Spiele, bei denen man sich auch einmal körperlich auspowern, austoben kann und an die eigenen Grenzen kommt – und dabei über sich hinauswachsen kann. Aber keine Angst: auch «Sportmuffel» können mitmachen.

Olympos

Material: abhängig von der Art der Turnierspiele
Gelände: groß, abwechslungsreich, mit vielen natürlichen Hindernissen und guten, ebenen Laufstrecken, mind. 50 m lang
Gruppe: ab 7 Spielern
Zeit: ca. 120 Minuten

Um sich den olympischen Pokal zu holen, muss die Gruppe («unser Land») ihre Athleten ausschicken. Jeder Athlet läuft durch einen Parcours und erfüllt dabei verschiedene Aufgaben. Abgesehen von diesen Aufgaben unterwegs muss er erstens eine bestimmte Zeit einhalten (den Parcours in weniger als 1 Minute durchlaufen) und zweitens unterwegs einen der versteckten Gegenstände (eine der «Goldkugeln» = Tennisbälle) finden und zurückbringen.
Die Gegenstände (Tennisbälle) sind dabei am Rande des Parcours so versteckt, dass sie im Laufen entdeckt werden können. Die heimgekehrten Läufer geben den Ort eines entdeckten Balles an die folgenden Läufer weiter. Besteht die Gruppe z.B. aus 10 Spielern, kann der Spielleiter vorgeben, dass 30 «Goldkugeln» geholt werden müssen. Die Läufe erfolgen recht schnell hintereinander (nur mit kurzen Pausen, um die Stationen wieder herzurichten und die Wertung vorzunehmen). Der Parcours selbst besteht aus einer bestimmten Anzahl von «Prüfungen». Bewährt hat sich dabei, den olympischen

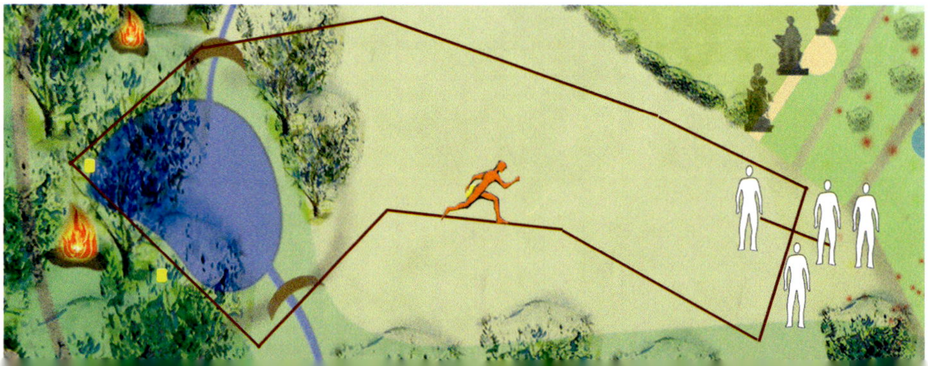

Pentathlon (Fünfkampf) zugrunde zu legen. *Laufen:* verschiedene Streckentypen (Wiese, Waldstück, im Sand, kleine Hügel, Hürdenlauf, Slalomlauf ...); *Springen:* verschiedene Hindernisse, die übersprungen werden müssen, Dreisprung, Rhythmussprünge; *Ringen:* der Läufer muss durch eine Gasse (s. «Todesgasse», S. 101), Tjosten (mit einer Lanze durch einen am Baum hängenden Ring treffen); *Diskuswerfen:* der Läufer wirft im Lauf einen Diskus (eine Frisbee-Scheibe) in eine Sandgrube usw.; *Speerwerfen:* im Laufen nimmt der Läufer einen Speer auf und wirft damit auf ein Ziel (einen mit Seilen am Boden ausgelegten «Drachen»).

Varianten

1. Einen anderen Charakter erhält das Spiel, wenn es nicht hintereinander je einen Läufer gibt, sondern wenn es bei jedem Lauf ein Tandem (oder ein Trio) ist. Auflage: Beide Läufer müssen gleichzeitig starten und gleichzeitig ins Ziel einlaufen.
2. Es gibt zwei Mannschaften, die sich gegenseitig einen Parcours bauen. Welcher Parcours enthält die meisten originellen und spannenden Elemente?

- Bei den einzelnen Stationen können feste «Obmänner» eingeteilt werden. Die Obmänner können aber auch in fliegendem Wechsel aus der gesamten Mannschaft ausgetauscht werden.
- «Olympos» kann auch hervorragend als Turnier in vielfältige sportliche Zusammenhänge eingebettet werden: in eine ausgewachsene Olympiade, ein Spiele- oder Sportfest, eine Rallye (mit einem «Plot») oder ein Großgeländespiel. Entsprechend kann das ganze «Spektakel» von einer schauspielerischen Gesamthandlung eingekleidet werden. Themen wie «Völkerverständigung» oder «Frieden» können so auf spielerische Weise vermittelt werden.

Blaubart

Material: 1 kleiner Gegenstand, der in einer Faust oder in zwei Händen versteckt werden kann, z.B. 1 Tennis- oder Tischtennisball oder 1 rohes Ei als «Schatz»
Variante 2: rote und blaue «Lebensbänder»
Gelände: abgegrenztes Spielfeld (Wiese), z.B. 25 m lang, 7 – 10 m breit
Variante 1: größeres Spielfeld, zusätzlich Büsche und Bäume
Gruppe: 6 – 12 Teilnehmer
Zeit: ca. 30 Minuten

Die Gruppe steht in einer Reihe, und ihr gegenüber, auf der anderen Seite des abgegrenzten Spielfelds, hat sich der gefürchtete Blaubart aufgebaut. Sein Ansinnen ist es, den «Goldklumpen» (einen Tennisball o.Ä.) wieder an sich zu reißen. Er ruft der Gruppe ein Kommando zu, bei dem das Spiel beginnen kann. Jetzt laufen auf der einen Seite der Blaubart und auf der anderen Seite die übrigen Spieler los. Innerhalb des Feldes kann der Blaubart bei jedem Lauf versuchen, Teilnehmer abzuschlagen. Manchmal werden keine Spieler abgeschlagen, bei anderen Läufen können aber auch mehrere Spieler erwischt werden. Abgeschlagene Läufer dürfen beim Spiel weiterhin mitwirken, nämlich bei allen Planungsphasen zwischen den Läufen dabei sein, können aber nicht mehr aktiv mitlaufen.

Die Gruppe weiß, dass der Blaubart nur ein Ziel hat: den Schatz zu erobern, also jenen Spieler abzuschlagen, der das begehrte Objekt bei sich trägt. Dementsprechend wird die Gruppe alles daransetzen, den Blaubart zu täuschen. So werden einige Läufer simulieren, dass sie Schatzträger sind, andere haben die Aufgabe, den Schatzträger im Notfall zu verteidigen. Und schließlich sollte auch ein Plan für den Fall entworfen sein, dass der Schatzträger den Schatz durch die Luft befördern muss. Dann sind nämlich speziell die geschickten Fänger gefragt. Selbstverständlich werden die Spieler bei jedem Lauf den Schatz in andere Hände geben. Oder doch nicht? Die Gruppe hat das Spiel gewonnen, wenn der Schatzträger als letzter Spieler (alternativ: der Schatzträger und ein weiterer Spieler) übrig bleibt.

Varianten

1. Je nach Gruppengröße und erwünschter Spieldynamik sind auch zwei Spieler als Blaubart zulässig. Natürlich muss das Spielfeld dann entsprechend größer abgesteckt werden, vor allem an den Seiten. Den Charme eines Geländespieles erhält das Spiel, wenn das Spielfeld noch größer wird (halbe Breite eines Fußballfeldes), noch mehr Blaubart-Spieler eingesetzt werden und das Gelände selbst ein kreativer Faktor wird, z.B. durch Büsche zum Verstecken, durch Bäume, an denen man ausruhen darf (Freimal) usw.
2. Es stehen sich zwei gleich große Mannschaften gegenüber. Die eine Mannschaft trägt rote, die andere blaue «Lebensbänder» (Parteibänder, die hinten am Gürtel eingesteckt werden). Jede Mannschaft versucht bei jedem Lauf so viele Lebensbänder wie möglich zu erobern. Wem das Lebensband genommen wurde, kann nicht mehr mitlaufen. Es wird so lange gespielt, bis es einer Mannschaft gelungen ist, den gegnerischen Schatzträger abzuschlagen (das Lebensband zu klauen). Sollte die andere Mannschaft aber noch mehr Spieler haben, ist das Spiel unentschieden.

- Der Schwierigkeitsgrad des Spiels hängt sehr von der Art des Schatzes ab: Ein Tennisball kann sehr gut und auch weit geworfen werden; ein Jonglierball oder ein Tischtennisball dagegen fliegt schlechter oder weniger weit; und mit einem rohen Ei ist das Spiel besonders delikat.
- Falls die Läufer den Schatzträger mit ihrem ganzen Körper schützen, gilt, dass jeder Abgeschlagene sofort und auf der Stelle stehen bleiben muss, den Schatzträger also gleich loslassen muss. Oder es kann die Regel aufgestellt werden, dass der Schatz zwar geworfen werden darf, der Blaubart aber gewonnen hat, wenn der Schatz nicht gefangen wurde.

Huckleberry Win

Material: 1 Plane (Gewebeplane); 1 große Folie oder Decke, ca. 4 x 4 m, je nach Gruppengröße
Variante 1: 1 Seil oder Tau
Variante 2: mehrere Eimer, viele Jonglier- oder Tennisbälle
Gelände: kleine Wiese; auch in einem Raum zu spielen
Gruppe: 6 – 12 Teilnehmer
Zeit: ca. 30 Minuten

Eine große Plane dient der Gruppe als «Floß», auf der sie gemeinsam Platz finden muss. Ein Berühren des Bodens außerhalb der Plane ist nicht erlaubt («Lebensgefahr»!). Zunächst muss die Gruppe die Plane umdrehen, allerdings so, dass kein Spieler sie verlässt oder den Boden außerhalb der Plane betritt. Niemand darf dabei einen anderen Huckepack oder auf seine Schultern nehmen. Anschließend hat die Gruppe die Aufgabe, die Plane so oft wie möglich zu falten und zu halbieren. Auch dabei gilt, dass keiner die Plane verlassen und den Boden betreten darf. Berührt dennoch ein Spieler den Boden, bedeutet dies, dass die gesamte Gruppe noch einmal beginnen muss. Bevor die Gruppe anfängt und loslegt, soll sie eine Schätzung abgeben, wie oft sie glaubt, die Plane halbieren zu können. Meist sind alle erstaunt, wie wenig Platz eine Gruppe in Wirklichkeit braucht, wenn alle zusammenrücken.

- Ein zentrales Thema dieser Aufgabenstellung ist: Wie leistungsfähig bleibt das Team in einer Situation, in der es in die Enge gedrängt ist?
- Die effizienteste Falttechnik: stete Längsfaltung («Handtuch»), denn so hat jeder Spieler weniger beengende Nachbarn neben sich.

Varianten

1. Bei dieser Version kann die Gruppe zusätzlich ein Seil (besser: ein Tau) benutzen. Da die Seillänge mindestens dem Umfang der Gruppe entspricht, kann diese es quasi als «Reling» einsetzen: als Geländer, an dem der Kreis der äußeren Spieler einen zusätzlichen Halt finden kann. Dadurch ist noch einmal eine deutliche Steigerung möglich, es setzt allerdings eine hohe Haltekraft der Gruppe voraus.
2. *Haifisch:* Eine «richtige Floßfahrt» à la Huckleberry Finn. Der Spielleiter fungiert dabei als «Wetterbote» und ruft der Mannschaft abwechselnd Kommandos zu:
   - «Wind von Backbord», «Sturm von Steuerbord» (die Gruppe lehnt sich gemeinsam in die eine oder andere Richtung)
   - «Riesenwelle von vorne» (die Gruppe imitiert eine Wellenbewegung)
   - «Haifische von hinten», «alle um 180° drehen» (die Gruppe muss sich als gesamte auf engstem Raum in die andere Richtung drehen)
   - «Land in Sicht» (ein Spieler vorne lehnt sich mithilfe der Nachbarspieler weit nach vorne, um das Land zu erspähen)
   - «Mann über Bord» (ein Spieler am Rand wird über die Köpfe der Gruppe gehoben und bis ans andere Ende der Plane weitergereicht und dort wieder abgelassen)
   - «Tauchgang» (ein Spieler am Rand schlängelt sich durch die Beine der Spieler hindurch bis ans andere Ende).
   - Oder: «Angriff eines Piratenschiffes von vorne!». Mehrere Eimer voll mit Bällen (Jongier- oder Tennisbälle) werden der Mannschaft jetzt gereicht. Damit soll sie das ca. 10 m entfernte Schiff (zehnmal) treffen und dadurch versenken (Wurf auf eine Attrappe). Damit auch die hinteren Spieler zum Zuge kommen können, ist ein System nötig, bei dem reihenweise geworfen wird und die Reihe, die geworfen hat, «abtaucht», damit die hintere Reihe werfen kann.
   - Oder: «Überschwemmung, bitte alle möglichst schnell die Schuhe ausziehen!». Dies gibt ein großes Hallo, bevor ein heilloses Durcheinander entsteht, denn durch das Bücken wird der Platz noch enger.

Piraten

Material: 2 oder mehrere Planen (Gewebeplanen); 2 Schnüre
Variante 4: verstreute Gegenstände
Variante 5: 1 Eimer, Softbälle
Variante 6: 1 Netz, Volleybälle
Gelände: große Wiese mit ebenen Flächen
Variante 1: abwechslungsreicher Parcours mit Hindernissen
Gruppe: mind. 8 Teilnehmer
Zeit: ca. 30 Minuten

Zunächst werden Einzelteams mit je ca. sieben Spielern gebildet. Eine Gruppe («die Piraten») versucht, mithilfe einer Plane ein schwieriges Geländestück («das Weltmeer») zu überwinden. Kein Spieler der Gruppe darf die Plane verlassen und den Boden berühren. Zwei Teilnehmer bilden jedoch eine Ausnahme: Sie dürfen außerhalb der Plane agieren. Ausgerüstet mit einer Schnur, die an der Vorderseite der Plane angebracht ist, helfen sie der Gruppe beim Vorwärtskommen.
In der Regel versucht das Team, in einen gemeinsamen Sprung-und-Zug-Rhythmus zu kommen. Die beiden «Ausnahme-Spieler» ziehen gleichzeitig die Plane ein Stück nach vorne, und in diesem Moment springen sämtliche Piraten auf der Plane nach oben. Dabei müssen sich die Spieler möglichst weit vorne auf der Plane aufstellen, damit auch die hinteren Spieler bei der Landung noch auf der Plane zu stehen kommen.

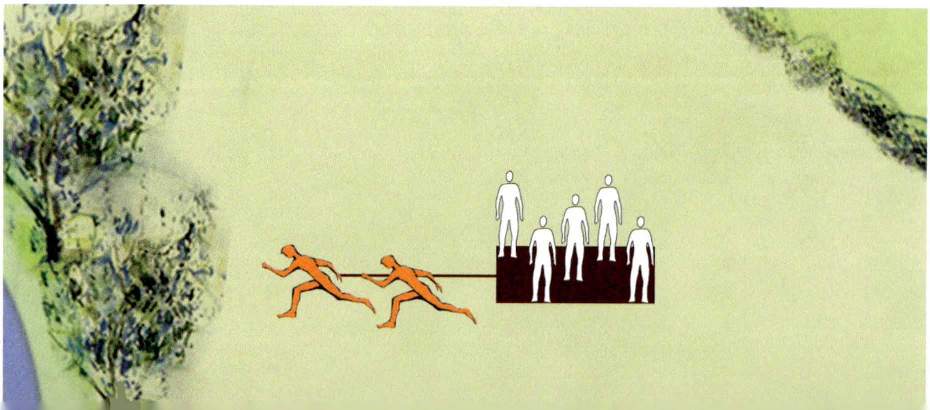

Varianten

1. Mit der beschriebenen Methode müssen die Teams ein «wildes» und «verwegenes» Gelände passieren – mit Wassergräben, Slalomparcours, Brücken, Engpässen und Hügeln. Ständiger Wechsel der ziehenden «Kapitäne».
2. Jedes Team verfügt über zwei Planen. Die hintere Plane wird nach vorne gezogen und mit Spielern «aufgefüllt», die «entleerte» wieder vorgereicht …
3. Es treten mehrere Teams miteinander an. Gemeinsam müssen sie einen Parcours in 15 Minuten umschiffen. Die Mannschaften können sich untereinander aushelfen. Die verschiedenen Teams müssen sich im Laufe des Parcours vollständig austauschen. Kein Spieler darf am Ende des Parcours mehr auf seiner Ursprungsplane stehen. Es darf nie mehr als ein Spieler bei einem Transfer getauscht werden.
4. *Schwertransport:* Im Gelände sind zahlreiche Gegenstände («Wrackteile») verstreut, kleine und große, leichte und schwere. Schaffen es die Teams vereint, sämtliche Teile in 30 Minuten zu bergen?
5. *Seeschlacht:* Mehrere Teams (oder ein Team) wollen das Gelände («das Meer») durchqueren. Dies versucht ein Piratenteam auf einer Plane zu vereiteln und die Seefahrerschiffe zu entern. Ihr Ziel ist es, die «Seefahrer» von den Planen herunterzuziehen. Ein heruntergezogener Seefahrer wird zum Zuschauer. Wird der Kapitän eines Schiffes heruntergezogen, ist das Schiff gekapert. Die Piraten können einen Eimer mit kleinen Softbällen (Schaumstoffbällen) im Schiff haben. Getroffene Seefahrer müssen zuschauen.
6. *Piratenball:* Zwei Teams mit Planen spielen über einem Seil oder Netz miteinander Volleyball. Mehrere Teams müssen mehrere Bälle über einen Parcours transportieren. Dabei müssen die Bälle einander zugespielt werden.

➤ Variante 5 kann ganz auf die Bedürfnisse der Gruppe ausgerichtet werden. Ausgewachsene «Seeschlachten» sind möglich, Schiedsrichter sind wichtig.

Bauprojekte

«Es gibt drei Arten, junge Menschen zu fesseln: Eine ist, ihnen zu predigen. Das ist ein Haken ohne Wurm. Die zweite ist, sie zu zwingen und ihnen zu sagen: Ihr müsst etwas freiwillig tun! Das ist des Teufels. Die dritte ist ein Appell, der nie versagt: Ihr werdet gebraucht!»

Kurt Hahn

Eine Seilbrücke über einem Fluss zu errichten, ein Baumhaus in luftiger Höhe zu bauen, eine flotte Seifenkiste aus notdürftigem Material zu zaubern – davon träumen viele. Nur wenige Menschengruppen machen ihren Traum wahr: große Erfinder und – Teamspieler. Denn sie wissen, dass das große Werk nur gemeinsam gelingen kann und dass sie «gebraucht werden».

Protektor

Material: pro Team 1 Ei, 1 Packung große Strohhalme, 1 Rolle Tesafilm, 1 Schere, 1 Plane für die Aufprallstelle
Variante 1: zusätzlich 1 großes Tuch, 3 Luftballons; *Variante 2:* zusätzlich 1 Schnur, 1 große Zeitung; *Variante 3:* Naturmaterialien; *Variante 4:* 1 Glas, 1 Zeitung, 1 Einkaufstüte; *Variante 5:* 1 Glas, 1 große Schachtel, Schnüre
Gelände: Balkon, Baum, Tisch, Brücke, Brüstung usw. als Abwurfstellen
Gruppe: pro Team ca. 5 – 7 Spieler, beliebig viele Teams
Zeit: ca. 60 Minuten

Jeweils fünf bis sieben Spieler der Gesamtgruppe bilden ein Team. Alle Teams müssen innerhalb von 45 Minuten eine Konstruktion (einen «Protektor») erfinden, die ein rohes Ei schützen kann. Die Schutzkonstruktion muss so sicher sein, dass das Ei sogar dann heil bleibt, wenn es aus einer Höhe von 2,5 bis 5 m zu Boden fällt. Für den Bau des Protektors stehen nur eine Packung großer Strohhalme und eine Rolle Tesafilm zur Verfügung; es dürfen keine weiteren Gegenstände verwendet werden.
Nach Ablauf der Bauzeit treffen sich sämtliche Teams und präsentieren ihre Erfindung (z.B. marktschreierisch mit viel Trara). In der letzten Runde werden die Protektoren dann vorgeführt und die Eier aus gleicher Höhe fallen gelassen. Bei welchem Team bleibt das Ei am Ende noch heil?

Varianten

1. Jedes Team erhält zusätzlich ein großes Tuch, einen langen Faden (10 m) und drei Luftballons. Damit ist der Bau eines Fallschirms über dem Protektor möglich. Die Luftballons unter dem Tuch sorgen dafür, dass der Fallschirm ruhig herabsegelt. Die Wurfhöhe beträgt jetzt ca. 10 m.
2. Die Teams bekommen zur Grundausstattung noch je eine Schnur und eine große Zeitung. Der fertige Protektor wird mit der Schnur an einen Ast oder Ähnliches gehängt (die Schnur darf aber nicht zum Ermitteln der Aufprallstelle benutzt werden). An der Aufprallstelle kann das Team Zeitung auslegen. Wird die Konstruktion präsentiert, schneidet man mit einer Schere die Schnur durch. Fallhöhe: ca. 5 m.
3. *Natur-Protektor:* Das Ei darf nur mit Materialien aus der Natur geschützt werden.
4. *Glas-Protektor:* Statt einem Ei kann man z.B. auch ein Glas nehmen. Für den Protektorbau können jetzt Zeitungen und eine Einkaufstüte benutzt werden. Das Glas kann zusätzlich mit Wasser gefüllt werden.
5. *Ablassen:* Ein randvoll mit Wasser gefülltes Glas muss aus großer Höhe sicher auf den Boden heruntergelassen werden. Material: 1 große Schachtel, Schnüre, 1 Zeitung.
6. *Wurfkette:* Der Protektor muss jetzt nicht für einen Sturz, sondern für Würfe konstruiert werden. Nach Absprache stellen sich die Teammitglieder in einer Kette hintereinander auf. Das Ei wird nun von Spieler zu Spieler geworfen. Welches Team hat die längste Kette?

- Die Präsentation und der Fall sind oft spannend wie ein Krimi.
- Bei diesem Spiel kommen vor allem die Tüftler und Erfinder auf ihre Kosten.
- Variante 3 ist vor allem für Kinder geeignet – aber auch als interessante ökologische Alternative zu den anderen Versionen.

Rennkiste

Material: Bretter (OSB-Platten), Kanthölzer, Metallstangen, 4 Räder, Lenkrad, Sägen, Schrauben, Werkzeug, evtl. Schnüre, Kissen, Farben, Pinsel
Gelände: leicht abschüssig mit glatter, befestigter Oberfläche
Gruppe: 7 – 12 Teilnehmer (pro Rennkiste)
Zeit: ca. 180 Minuten

Die Teilnehmer bilden Gruppen zu je sieben bis zwölf Personen, und der Spielleiter stellt ihnen die oben genannten Materialien zur Verfügung. Aufgabe: In drei Stunden beginnt der Grand Prix der besten (selbst gebauten) Rennwägen (siehe Variante 2). Welche Gruppe hat bis dahin den überzeugendsten Flitzer gebaut?

Variante

1. Der Bau der Rennkiste findet in einem «opulenten» Umfeld statt, das viele Materialien hergibt: in einer Fahrradwerkstatt, einer Autowerkstatt oder auf einem Autoschrottplatz.
2. *Rennkisten-Parcours:* Das Können der Rennkiste muss auf einer selbst gebauten Rennstrecke demonstriert werden. Während Team 1 am Boliden baut, präpariert Team 2 die Strecke (Slaloms, Hürden, Hindernisse, Brücken, verschiedene Unterlagen, Bremstest und andere Geschicklichkeits- und Parcourselemente).
   Die kreativste Strecke und das tüchtigste Fahrzeug gewinnen.

- Bei diesem Bauprojekt sollte man genügend Material zur Verfügung stellen – lieber etwas zu viel als zu wenig.
- Freiraum für Kreativität einbauen:
  Wer bietet die originellste Präsentation des Wagens?
  Wer konstruiert den schönsten oder den ausgefallensten Wagen?

Floßbau

Material: pro Team 3 – 8 Autoschläuche, Paddel (oder Stangen), Bretter, Seile, Schwimmwesten
Variante 2: 100 Tennisbälle, langes Seil
Variante 3: Lebensmittel und Zubehör für nächtliches Festmahl
Gelände: Gewässer (Fluss oder Teich) und Uferbereich
Variante 2: Teich mit 10 – 20 m Ø
Gruppe: 7 – 20 Teilnehmer
Zeit: ca. 180 Minuten

Eine Gruppe kommt am Ufer eines Sees an. Um ans gegenüberliegende Ufer zu gelangen, muss innerhalb von zwei Stunden ein Floß gebaut werden. Am Ufer finden die Teilnehmer mehrere Autoschläuche, ein paar Seile und Bretter vor. Ausschließlich mit diesen Materialien sollen sie nun ein tragfähiges und seetaugliches Floß bauen (a). Alternativ kann die Gruppe das Floß jedoch auch mit anderen Materialien bauen. Als Auftriebskörper eignen sich auch große Kunststofftonnen (b). Eine dritte Möglichkeit stellen Kästen mit leeren Flaschen dar (c). Diese Auftriebskörper muss die Gruppe mit Seilen und Brettern klug miteinander verbinden, sodass das Floß einerseits möglichst wenig schaukelt, andererseits eine möglichst große Standfläche entsteht.

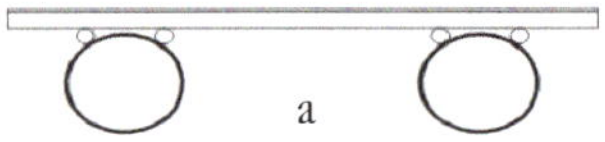

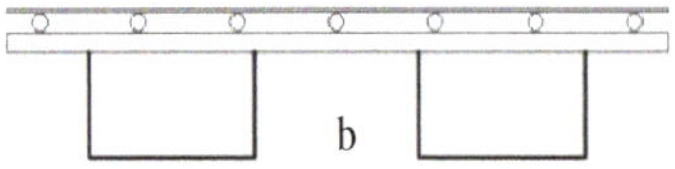

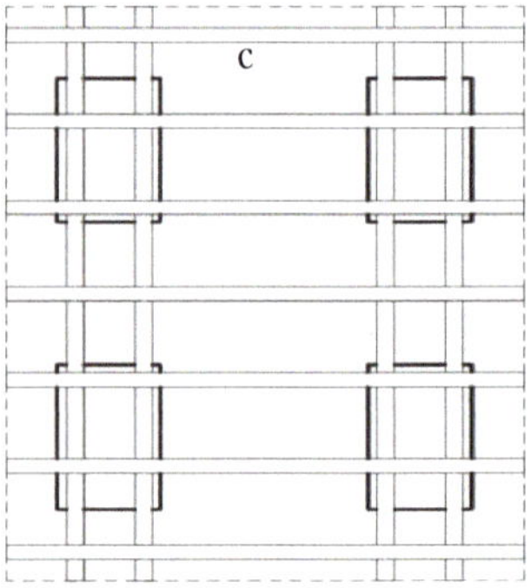

Varianten

1. *Floßbau mit Handicaps:* Beim Floßbau können der Gruppe verschiedene «Handicaps» auferlegt werden. Phasenweise muss der Bau komplett schweigend erfolgen. Ein unvergessliches Erlebnis ist es, wenn der Bau für 15 Minuten einarmig geschehen muss. Dabei wird hautnah erlebbar, wie sehr man auf einen hilfreichen Gefährten angewiesen ist.
2. *Rennflöße:* Es werden in Dreierteams «Rennflöße» gebaut. Dabei stehen zwei Autoschläuche, ein größeres Brett und Seile zur Verfügung. Haben alle Dreierteams ihre Floße gebaut, kann es losgehen: In einen Teich (10 – 20 m Durchmesser) werden 100 Tennisbälle geworfen. Welches Team fischt die meisten Bälle wieder heraus? Zwei Spieler stehen dabei um Ufer und spannen ein langes Seil über den Teich, an dem der Dritte sich mit seinem Floß entlangzieht.
3. *Floß-Festmahl:* Zwei oder mehrere Flöße brechen nachts auf, um in der Mitte des Sees ein vergnügliches Festmahl einzunehmen. Zur Ausrüstung gehören Lampions, Kerzen, Sternwerfer (Wunderkerzen), Gitarre und Geschichtenbücher.

➤ Der Bau eines Floßes spricht tiefe archaische Urbilder an.

Baumhaus

Material: Naturmaterialien, Seile und Schnüre, ggf. Bretter und Sägen, Äxte, Gurte, Helme
Gelände: Waldstück mit Bäumen, die zum Klettern und Bauen geeignet sind
Gruppe: 7 – 20 Teilnehmer
Zeit: mind. 180 Minuten

In einem Wald hat sich eine Gruppe versammelt, um sich dort wie Robin Hood einzurichten. Das wichtigste Ziel ist, bis zum Abend ein Baumhaus zu errichten. Zur Verfügung stehen dafür alle Gegenstände aus der Natur, dazu auch etliche Seile und Schnüre, einige Bretter und Werkzeug.
Das Baumhaus muss mindestens 3 m über dem Boden sein, für mindestens sieben Menschen ausreichend Platz bieten und darf nicht zu leicht zu entdecken sein. Gelingt es, das Haus bis Sonnenuntergang zu errichten? («Denn der Sheriff mit seinen Leuten ist uns ja auf den Fersen …»)

Varianten

Die Gruppe muss verschiedene Baumhausmodelle bauen:

- einen Jägerstand
- ein Bodenhaus
- eine Baumhütte
- ein Baumhotel
- ein Spähernest …

➤ Bei einer größeren Gruppe empfiehlt es sich, mehrere Baumhäuser auf verschiedenen Ebenen zu bauen.

➤ Wird diese Aufgabe Kindern gestellt, sollte das Baumhaus auf dem Boden gebaut werden; ein hoch gelegenes Baumhaus zu bauen ist für sie meist noch zu kompliziert und zu aufwendig.

Turm zu Babel

Material: natürliche Gegenstände, die sich zum Bauen eignen, Schnüre, Paketklebeband
Gelände: Waldstück oder Platz mit abwechslungsreichem Bestand
Gruppe: ab 6 Teilnehmern
Zeit: ca. 60 Minuten

Auf einer Waldlichtung soll die Gruppe einen möglichst hohen Turm bauen. Sie darf dafür alle natürlichen Gegenstände im erreichbaren Umkreis benutzen. Am Ende soll der Turm nicht nur möglichst hoch, sondern auch möglichst stabil sein – und das Ganze soll in 30 Minuten gebaut sein.

Zunächst werden Mannschaften gebildet (z.B. mit je sechs Teilnehmern). Sie planen kurz den Ablauf und schwärmen dann aus, um geeignetes Holz, Wurzeln, Steine, Äste usw. zu finden. Der «Turm zu Babel» wird schließlich auf der Lichtung aufgerichtet, mit Seilen gestützt und mit Klebeband fixiert.

Nach 30 Minuten wird die zweite Runde eröffnet: Jede Mannschaft hält in feierlich-humoristischer Weise eine Eröffnungsrede.

Danach beginnt die dritte und letzte Runde: der Stabilitätstest. Der Reihe nach werden die Bauwerke verschiedenen Tests unterzogen. *Blastest:* Die Mannschaften versuchen mit vereinten Kräften, jeweils die anderen Türme aus 30 cm Entfernung umzublasen. *Belastungstest:* Auf die Spitze jedes Turms wird ein schwerer Stein gelegt. *Crashtest:* Die Mannschaften dürfen versuchen, den Turm aus 5 m Entfernung mit Schaumstoffbällen zum Einsturz zu bringen. *Peitschentest:* Die Spieler versuchen, mit kurzen Seilen, die peitschenartig geschwungen werden, den Turm umzustürzen.

Eine andere Note erhält das Spiel, wenn nicht Türme der anderen umgeworfen werden sollen, sondern die Umsturzversuche dem eigenen Turm gelten.

Varianten

1. Beflügelnd ist es, wenn eine menschliche Figur, Tiergestalten oder Fabelwesen (Drachen, Riesen, Zwerge ...) zu bauen sind. Mit Materialien aus dem Wald ist es auch leicht möglich, spezielle Waldbewohner, z.B. Gestalten aus der Sagenwelt (Rübezahl, Eisenhans ...), nachzubauen. Schon eine Vogelscheuche macht das Spiel lebendiger.
2. Andererseits kann auch bei den Materialien viel Kreativität entwickelt werden. Sollte Naturmaterial z.B. aus dem Wald nicht vorhanden oder zugänglich sein, kann man sich auch mit anderen Materialien behelfen: Schaschlikstäbe, sonstige Hölzer usw. Oder die Gruppe bekommt eine große Zeitung und eine Rolle Paketklebeband zum Turmbau. Oder das Gebilde ist aus Zeitungspapier, Klebeband, Schnüren und Luftballons zu bauen: ein Luftballonschneemann, ein Torbogen oder andere Gestalten und Tiere. Normalerweise darf dabei das Klebeband nur für das Zeitungspapier verwendet werden, damit ein stabiler Kern zur Ummantelung mit den Luftballons geschaffen wird. Die Kunstwerke können zuletzt noch bemalt und geschmückt werden.

- Dieser Aufgabentyp spricht sowohl die Bastler und Handwerker als auch die Künstler und Kreativen im Team an. Diese schätzen vor allem auch Bauaufgaben in der Natur, die einen Hauch von LandArt mit sich bringen.
- Ein Thema für die Reflexion kann neben den sozialen Prozessen auch der Aspekt des «Aufbauens» und «Zerstörens» sein. Hier sind wertvolle Rückschlüsse darauf möglich, wie «konstruktiv» das Team zusammenarbeitet.

Die Leonardo-Brücke

Material: mind. 30 Holzstäbe (Fechtstöcke) aus stabilem Material
Variante 2: noch mehr Stäbe
Gelände: kleine Wiese oder großer Raum
Gruppe: 6 – 20 Spieler
Zeit: ca. 30 Minuten

Ein verblüffendes Bauprojekt ist die Leonardo-Brücke, nach ihrem angeblichen «Erfinder» Leonardo da Vinci getauft. Er hat es nämlich geschafft, aus einem Haufen von Holzstäben eine Konstruktion herzustellen, die tatsächlich als Brücke gelten kann.
Der Gruppe stehen mindestens 30 Stäbe zum Brückenbau zur Verfügung. Am Ende soll aus diesen Stöcken eine Brücke errichtet worden sein, die eine Spannweite von mindestens 4 m aufweist – und natürlich auch einem Belastungstest standhält.

Varianten

1. Mehrere Gruppen sind gleichzeitig mit dem Bau von Leonardo-Brücken beauftragt. Mannschaft 1 baut den rechten Teil, Mannschaft 2 den linken Teil der Brücke (und falls es eine dritte Gruppe gibt, baut diese den mittleren Teil).
   Nach dem Bau kommt der entscheidende Moment:
   Passen die Einzelstücke zusammen?
   Können sie miteinander verbunden werden?
2. Wenn mehr Stöcke zur Verfügung stehen, kann die Gruppe versuchen, die Konstruktion noch größer zu machen.
   Welches Team baut die größte Brücke?
3. *Belastungstest:* Unterschiedlich schwere Steine werden auf die Mitte der Brücke gelegt. Welche Brücke hält das meiste Gewicht aus? Die Teams müssen in kurzer Zeit zehnmal unter ihrer Brücke durchkriechen. Kann die Brücke getragen und transportiert werden?

➤ Die Gruppen nicht zu groß machen, sonst gibt es leicht Leerlauf für die «Nichtbastler».

Dreigliederung

Material: mind. 3 längere Seile, Papier, Flipchart und Stifte, Spielgeld, Kartons, Scheren, Tesa, Klebstoff; Material, das gebraucht wird, um viele Spielzeugautos von je ca. 25 cm Größe zu bauen
Gruppe: ab 9 Spielern
Zeit: mind. 60 Minuten
Alter: Erwachsene

Auf dem Boden liegen drei einander durchdringende Kreise. Der erste Kreis stellt den gesellschaftlichen Bereich des Kultur- und Geisteslebens dar, der zweite den staatlichen Rechtsbereich und der dritte repräsentiert das Wirtschaftsystem. Spieler in Kreis 1 sind Geistesarbeiter (Professoren, Erfinder, Künstler ...), in Kreis 2 «Staatsdiener» (Richter, Leiter von Finanzamt, Arbeitsagentur ...), in Kreis 3 Firmenmitarbeiter (Manager, Fabrikarbeiter, Unternehmer ...). Jedem Spieler werden vor dem Spiel 100 Münzen (Spielgeld) in die Hand gegeben. Damit können im Spiel Waren (Autos) und Dienstleistungen (Baupläne) gekauft werden. Zusätzlich erhalten die Firmenmitarbeiter Bastelmaterial, die Staatsdiener Schreibmaterial und Taschenrechner, die Geistesarbeiter Zeichenmaterial. Die vordergründige Aufgabe lautet: Baut in 30 Minuten möglichst viele gute (Papier-) Autos! Achtet darauf, dass die Pläne dafür nur von Gruppe 1 und die Ausführung nur von Gruppe 3 erfolgen kann. Die hintergründige Aufgabe ist aber: Entwickelt ein Gesellschaftsmodell, bei dem jeder in den Rollen der drei Kreise optimal zum Tragen kommt. Und nicht zuletzt auch eine gerechte Verteilung der Gelder möglich ist!

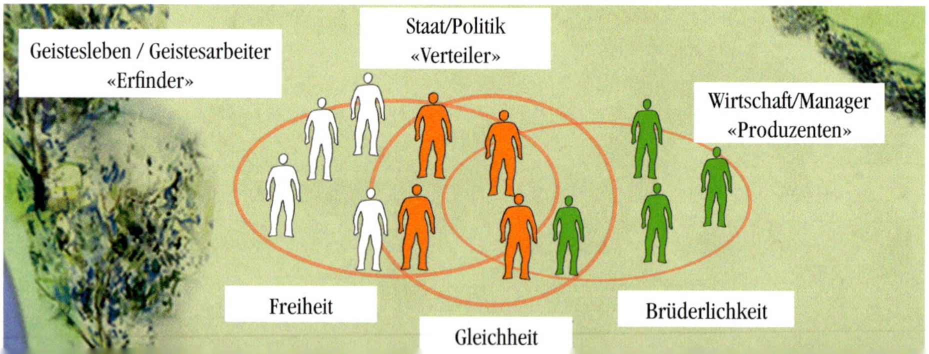

Varianten

«Dreigliederung» markiert eine neue Dimension von Teamspielen: Es veranschaulicht in verblüffender Weise komplexe gesellschaftspolitische Prozesse und verhilft zu oft dramatischen neuen Einsichten. Es stellt ein Modell für neuartige politische Rollenspiele dar.

1. «Stellt jetzt das Gesellschaftsmodell von Deutschland dar! Schafft ihr es, das prototypische Modell des Kapitalismus darzustellen? Wie ist es euch ergangen, als ihr als Künstler bei den Geistesarbeitern von Almosen leben musstet, aber die Autobauer durch eure kreativen Ideen in Saus und Braus leben konnten? Bildet jetzt bitte das Grundmodell des Kommunismus ab! Wie habt ihr euch gefühlt, als herauskam, dass ihr wegen schleppender Staatslenkung darben musstet und die Staatsdiener ‹gleicher› als die anderen waren?»
2. Spezifische Fragestellungen müssen von der Gruppe dargestellt werden: «Zeigt, was in eurem Modell geschieht, wenn Schulen verstaatlicht sind, wenn die Armee privatisiert ist, erklärt mit eurem Modell die Spitzengehälter der Manager, die akute Arbeitslosigkeit …»
3. «Versucht, nach diesem Modell eure Einrichtung, euren Betrieb usw. darzustellen! Begründet!»

- Das Spiel kann als gemeistert gelten, wenn die Gruppe einen Modellablauf zu den jeweiligen Aufgabenstellungen demonstriert, gegebenenfalls sogar die Rückfragen des Spielleiters beantworten kann. Kritische Reflexionen und anregende Diskussionen sind die Würze des Spieles. Eine Einführung in die Idee der Dreigliederung (Geistesleben = Freiheit, Staat = Gleichheit, Wirtschaft = Brüderlichkeit) vorab ist sinnvoll.
- «Dreigliederung» kann ein wertvolles Instrument in der Organisationsentwicklung sein.

LandArt

Material: viele verschiedene Gegenstände aus der Natur
Gelände: große Wiese, abwechslungsreiches Gelände
Gruppe: 6 – 20 Teilnehmer
Zeit: ca. 90 Minuten
Alter: ab 14 Jahren

Mitten in der Natur erhält die Gruppe eine Aufgabe der besonderen Art: ein Naturkunstwerk («LandArt») zu kreieren. Verwendet werden dürfen dabei sämtliche Materialien, die in der Natur vorhanden sind. Es darf ein eher malerisches Kunstwerk sein oder auch etwas Dreidimensionales, eine Skulptur. Wichtig ist dabei vor allem, dass das Kunstwerk in die Natur eingepasst ist, dass die Formen und Farben des LandArt der Natur «abgelauscht» sind. Und dass das Kunstwerk nicht dauerhaft sein und bleiben soll, sondern vergänglich ist und im Laufe der Zeit wieder spurlos verschwindet. Die andere Bedingung: Das LandArt muss ein Gemeinschaftswerk sein, bei dem sich jeder nach seinen Kräften beteiligt.

Varianten

1. Der Platz für das LandArt ist nicht vorgegeben. Es ist daher ein wichtiger Teil des Prozesses, den richtigen Platz zu finden.
2. Mehrere Gruppen schaffen gleichzeitig verschiedene LandArts. Nach einer Stunde stellen sie sich ihre Kunstwerke gegenseitig vor. Die Teams können auch LandArts entwickeln, die verschiedene Aspekte eines Themas darstellen (die vier Elemente, Tag und Nacht …)
3. Die einzelnen Gruppen erfinden zusätzlich noch kleine passende Rituale für ihr LandArt.

- Als passend werden LandArts vor allem dann erlebt, wenn sie aus einem echten Anlass heraus entstehen, beispielsweise wenn die Gruppe an einem bestimmten Platz in der Natur eindrückliche Erlebnisse hatte und der Natur wieder etwas zurückgeben will.
- Intensive Erlebnisse mit einem LandArt sind vor allem zu bestimmten Tageszeiten möglich (z.B. im Morgengrauen, bei Sonnenuntergang …).

Dreiländer-express

Material: Baumaterial für eine Spielzeugeisenbahnlandschaft, Makulatur- oder Flipchartpapier, Wachsstifte, Kartonpapier, Bastelmaterial
Variante: entsprechendes Bastelmaterial je nach Aufgabenstellung
Gelände: drei verschiedene Stellen im Freien; oder große, separate Innenräume
Gruppe: ab 10 Teilnehmern
Zeit: ca. 120 Minuten

Drei Teams sollen gemeinsam und doch getrennt voneinander eine große Eisenbahnlandschaft aufbauen. Die Mannschaften vertreten drei verschiedene Länder (z.B. Deutschland, Frankreich, Schweiz), durch die später der Zug fahren muss. Jedes Team arbeitet in einem separaten Raum (oder an verschiedenen Stellen im Garten ...) und hat eine eigene Aufgabe: Das erste Team soll mit Bauteilen einer Spielzeugeisenbahn eine weitläufige Schienenstrecke und die dazugehörige Landschaft bauen. Gleichzeitig arbeitet die zweite Gruppe am Untergrund der Landschaft: Auf großen Papieren wird die Landschaft (mit Schienen, Wäldern, Häusern, Seen ...) aufgemalt. Und das dritte Team macht sich daran, aus Kartonpapier die einzelnen erforderlichen Gebäude (Häuser, Kirchen, Bahnhöfe, Burgen ...) der aufgemalten Landschaft zu basteln.
Da alle drei Mannschaften nicht miteinander im Kontakt stehen dürfen, wird von jedem Team ein Botschafter bestellt. Sie treffen sich zu Absprachen an einem eigenen, abgeschirmten Platz. Bei den Besprechungen dürfen sie weder Papier noch Stifte oder Ähnliches mitnehmen. Außerdem gibt es noch einen Koordinator, der für den Überblick und die gesamte Bauleitung zuständig ist.
Die Mannschaften sind erfolgreich, wenn in der vorgegebenen Zeit die Aufgaben gelöst sind und die Bahnstrecke von Team 1 mit der gemalten Landschaft von Team 2 und den gebastelten Gebäuden von Team 3 genau übereinstimmt.

Variante

Triumvirat: Wie beim «Dreiländerexpress» geht es in dieser Variante darum, dass drei Mannschaften miteinander eine Bauaufgabe lösen müssen, wobei jede Gruppe eine andere Aufgabe hat. Aufgabenstellung und Aufgabenverteilung sind hier allerdings anders:

Team 1 (ca. 2 Spieler) stellt die Leiter des Spiels, sie sind «stumm». Team 2 (ca. 3 Spieler) besteht aus den Koordinatoren. In Team 3 (ca. 5 Spieler) befinden sich die Konstrukteure, sie sind «blind». Die Mannschaften sind an drei verschiedenen Plätzen (außer Sichtweite). Der Spielleiter übergibt den Leitern den Auftrag, zum Beispiel: Baut in fünfzehn Minuten eine lebensgroße Vogelscheuche mit Hut, Jacke und kleinem Spiegel. Die Einschränkungen dabei sind: Die Leiter (die als Einzige die Aufgabenstellung erfahren haben) dürfen nur mit den Koordinatoren – und zwar nur nonverbal und ohne Papier und Stift oder Handalphabet – kommunizieren. Was bei den Koordinatoren angekommen ist, geben diese an die Konstrukteure weiter, die allein unmittelbar (aber «blind») am Bau arbeiten dürfen.

- Spielzeugeisenbahnen sind relativ günstig auch in Holzausführung (z.B. im Internet) zu finden. Alternativ kann eine Carrerabahn mit Spielzeugautos benutzt werden.
- Statt eine Vogelscheuche zu basteln (wie in der Variante oben) können auch einfachere oder zur jeweiligen Gruppe passendere Bauaufgaben aufgetragen werden.
- Bei komplexen Spielen dieser Art lohnt sich eine gründliche Auswertung. Vor allem in Kollegien oder Abteilungen mit vergleichbarer Arbeitsteilung kann es zu wertvollen Aha-Effekten kommen («genau wie in unserem Unternehmen», «das ist typisch für unser Kollegium»).

Expeditionen

«In dem Augenblick, in dem man sich endgültig einer Aufgabe verschreibt, bewegt sich die Vorsehung auch. Alle möglichen Dinge, die sonst nie geschehen wären, geschehen, um einem zu helfen. Ein ganzer Strom von Ereignissen wird in Gang gesetzt durch diese Entscheidung, und er sorgt zu den eigenen Gunsten für zahlreiche unvorhergesehene Zufälle, Begegnungen und materielle Hilfen, die sich kein Mensch vorher je so erträumt haben könnte. Was immer du kannst oder dir vorstellst, dass du es kannst, beginne es. Kühnheit trägt Genius, Macht und Magie in sich. Beginne jetzt.»

Johann Wolfgang von Goethe

Jedes Team ist so gut wie seine Kraft, die entgegenstehenden Hindernisse zu überwinden. Es ist aber gerade diese Kraft, die «Widerstandskraft» («Resilienz»), die in der Wohlstandsgesellschaft besonders wertvoll geworden ist. Die folgenden Spiele zeigen, wie man Hindernissen nicht aus dem Weg geht, sondern sie überwindet. Was immer ihr könnt …

Die Brücke am Kwai

Material: mehrere lange Balken (ca. 5 – 10 cm breit), ebenso viele Kästen (Getränkekisten); Seile oder Absperrband
Variante 1: weniger Balken als Kästen
Gelände: ca. 5 m breiter Bach oder Teich, Wassertiefe: 10 – 30 cm
Gruppe: mind. 6 Spieler
Zeit: ca. 30 Minuten

Das Team steht vor einem schmalen, ganz seichten Fluss («dem thailändischen Fluss Kwai mit seiner berühmten Brücke»; vgl. den Roman *Die Brücke am Kwai* von Pierre Boule und den gleichnamigen Film von David Lean), einem Bach (ca. 5 m breit) oder Teich. (Ist kein entsprechendes Gewässer in der Nähe, geht zur Not auch ein mit Seilen ausgelegtes Stück Wiese.) Die Gruppe muss auf die andere Seite des Flusses. Keiner darf jedoch mit den Füßen ins Wasser. Am Ufer liegen zum Glück einige lange Balken und ebenso viele Getränkekisten. Der erste Spieler arbeitet sich mithilfe von zwei Kisten ein Stück weit ins Wasser vor und legt den Stützpunkt für den ersten Balken fest auf den Grund. Balancierend nimmt er den ersten Balken entgegen und legt ihn waagrecht zwischen Ufer und erste Kiste. Die nächsten Teilnehmer folgen, indem sie über den Balken balancieren und dabei eine sich gegenseitig stützende Kette bilden. Nach und nach werden die anderen Balken über den Kopf weitergereicht und vorne angesetzt, bis schließlich auch der letzte Spieler über den Steg geht und so ans rettende Ufer gelangt. Kein Teilnehmer darf jedoch ans Ufer springen, solange noch jemand am anderen Ufer steht. In 30 Minuten muss auch der Letzte angekommen sein.

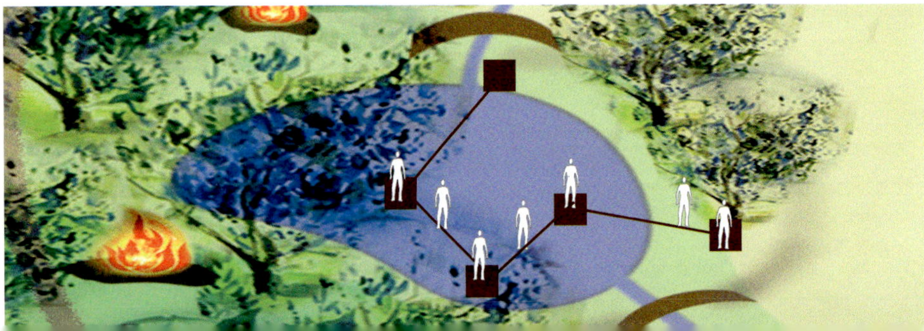

Varianten

1. Es gibt weniger Balken als Kisten. So entsteht ein dichtes Gedränge auf den Balken.
2. Mehrere Teams starten gleichzeitig von verschiedenen Stellen aus. Gegenseitiges Aushelfen und Stützen ist erlaubt und oftmals auch erforderlich.
3. *Der Steg:* Auf einer Wiese wird mit Seilen ein ca. 10 m breiter Fluss markiert. Am vorderen Flussufer sind bereits drei Kisten in den Fluss gelegt, allerdings so, dass Kiste 1 und 2 mit den (gleich langen) Balken zu erreichen sind, Kiste 3 jedoch wenige Zentimeter zu weit weg ist, als dass man sie mit einem Balken erreichen könnte. Lösung: Der Balken zu Kiste 3 wird nicht von Kiste 2 aus, sondern von der Mitte des Balkens (zwischen Kiste 1 und 2) aus gelegt. So können die noch fehlenden Zentimeter überbrückt werden.
4. Am Ufer eines runden Teiches (ca. 10 m Durchmesser, mit Seilen ausgelegt) befinden sich mehrere Teams mit Balken und Kisten. Die Teams bauen ihre Stege so, dass sich alle in der Mitte treffen. Kein Spieler darf auf dem Steg der eigenen Gruppe ans andere Ufer!

➤ Die Auswahl der Überquerungsstelle ist entscheidend für den Spielerfolg. Es muss eine Stelle im Bach, Teich oder Fluss) sein, die niedriges Wasser führt, nicht zu stark strömt und bei der keine weiteren Steine, Äste oder Ähnliches herausragen.

➤ Zu Varianten 2 und 4: Dadurch, dass mehrere Teams gleichzeitig und parallel an der Aufgabe arbeiten, kann das Teambewusstsein auf das eigene Team gerichtet und dann auf weitere Teams erweitert werden. Vor diesem Hintergrund ist das Spiel eine hervorragende Übung, um ein gesteigertes Teambewusstsein (Teambewusstsein auf der Metaebene) zu schulen.

Zickzack

Material: 4 oder mehr Balken (ca. 4 cm breit), 5 rutschfeste Auflagestellen (z.B. ca. 50 cm hohe Baumstammscheiben) für die Balken, 1 Seil (mind. 5 m lang)
Variante 2: schwere, große Gegenstände zum Transportieren
Gelände: ebene Wiese
Variante 6: abwechslungsreiches Gelände
Gruppe: ab 7 Teilnehmern
Zeit: ca. 30 Minuten

Eine Gruppe steht vor einem Geländestück, das wegen einer «Überschwemmung unpassierbar» ist (Bodenberührung ist verboten!). Allerdings sind fünf feste Stützpunkte (Baumstammscheiben) im Boden verankert; diese Auflagestellen sind «W»-förmig (in Zickzack-Form) und in gleichmäßigen Abständen im Gelände verteilt. Außerdem liegen bei der Gruppe vier längere Balken und ein robustes Seil als Hilfen bereit. Um auf die andere Seite zu gelangen, muss das Team an das Ende eines Balkens das Seil binden, den Balken aufrichten und ihn langsam mithilfe des Seils auf den ersten Baumstamm ablassen (idealerweise in eine vorbereitete Kerbe). Jetzt steigt der erste Teil des Teams balancierend und sich gegenseitig abstützend auf den Balken. Das Seil wird entknotet, und von der erreichten Auflagestelle aus wird der nächste Balken auf die zweite Baumstammscheibe platziert. Mit dieser Methode wagt sich die Mannschaft schließlich über den gesamten Zickzackweg der Balken. Bevor der Erste den letzten Balken verlässt und das rettende Ziel erreicht, müssen alle Spieler auf einem der Balken stehen.

➤ Behelfsmäßig kann auch mit Getränkekisten (statt den eingelassenen Baumstämmen) oder anderen festen Unterlagen gearbeitet werden. Sie dürfen aber auf keinen Fall verrutschen oder wacklig sein.

Varianten

1. Sämtliche Balken müssen am Ende des Parcours von den letzten Teilnehmern wieder mitgenommen werden. So ist das gesamte Team auf beiden Seiten der Reihe, vorne und hinten, beschäftigt.
2. Die Gruppe muss verschieden schwere oder große Gegenstände transportieren (ein Eimer mit Wasser, eine Gitarre …).
3. Es fehlt das Seil als Hilfsmittel. Für das genaue Ablassen der Balken ist deshalb eine andere Technik und mehr Teamwork erforderlich.
4. Es müssen auch «blinde» Spieler über den Zickzack-Parcours geschleust werden. Oder: Der gesamte Parcours muss stumm absolviert werden; sobald die Planungszeit abgelaufen ist, schweigt die Gruppe.
5. Es starten zwei Teams an den beiden Enden gleichzeitig. Sie treffen sich in der Mitte und müssen wie bei einer Polonaise aneinander vorbei, um wohlbehalten die andere Seite zu erreichen.
6. *Balken-Parcours:* Es treten mehrere Teams an. Jedes Team errichtet für die anderen Gruppen aus fünf bis fünfzehn Baumstämmen in einem anspruchsvollen Gelände einen spannenden und kreativen Parcours: mit Gräben, Böschungen, Gebüsch, unter meterhohen Hindernissen hindurch. Welches Team baut den besten Parcours? Welches Team bewältigt die meisten Routen und Durchläufe durch die fremden Parcours?

- Der Schwierigkeitsgrad hängt vor allem von der Breite der Balken ab. So empfiehlt sich, verschiedene Balkenstärken (3 cm, 6 cm) vorrätig zu haben.
- Die Balken sollten so schwer und lang sein, dass sie von einer starken Person gerade noch abgesenkt werden können.

Der Kerker

Material: 4 Seile
Gelände: Wiese mit vier Bäumen, die im Viereck stehen (oder zumindest drei Bäume im Dreieck), Abstand je ca. 5 m
Gruppe: 12 – 30 Teilnehmer
Zeit: ca. 30 Minuten

Zwischen vier im Viereck stehenden Bäumen sind Seile gespannt: An der ersten Seite verläuft das Seil in Bauchhöhe, bei der zweiten in Brusthöhe, bei der dritten in Halshöhe und bei der vierten in Kopfhöhe. Das gesamte Team befindet sich zu Beginn im Gefängnis, dessen Mauern die vier Seile darstellen.

Um aus dem Kerker auszubrechen, muss das Team alle vier Mauern übersteigen, ohne dass eine der Mauern (Seile und Bäume) berührt wird. Jede Mauer muss von gleich vielen Spielern überwunden werden. Entscheidend ist nun, ob die Verteilung der Spieler auf die verschieden schwierigen Mauern clever vorgenommen wurde. Hat ein Spieler eine Mauer überstiegen, kann er nur an dieser Mauerseite aushelfen. Er darf die Mauer jedoch wieder nach innen übersteigen und dann über eine andere Seite der Mauer klettern, um einer anderen Untergruppe an deren Mauerseite zu helfen.

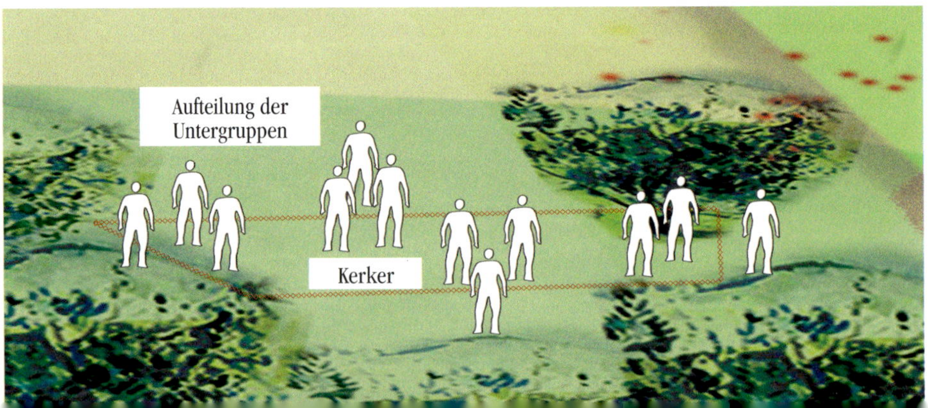

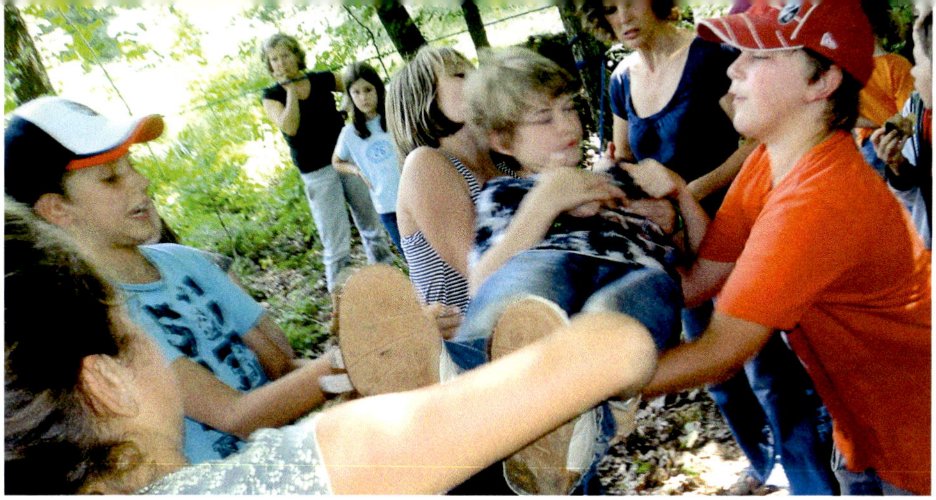

Varianten

1. *Elektrozaun:* Dies ist die einfache Version des Grundspiels. Statt einem Kerker mit vier Mauern gibt es hier nur *ein* Hindernis mit *einem* Seil («Elektrozaun»). Oder es sind viele Seile in verschiedenen Höhen zwischen verschiedenen Bäumen gespannt. Das Team überlegt vorher, in welcher Strategie und Reihenfolge es den Parcours aus Seilen bezwingen will.
2. Zur Erschwernis wird dem Team für ein paar Minuten auferlegt, eine «Energiekette» zu bilden (alle Spieler auf den jeweiligen Seiten der Mauern müssen in Körperkontakt sein). Als weitere Schwierigkeit kommt hinzu: Wer eine Mauer berührt, «verliert» einen Arm (d.h. er muss einarmig weitermachen), beim zweiten Mal wird er «blind».
3. Sobald der letzte Spieler seine Mauer überstiegen hat, startet die «Rückrunde». Alle Seile werden um einen halben Meter höher gespannt. Beim Weg nach innen dürfen aber die Baumstämme mitbenutzt werden. Eine andere Auflage: Kein Spieler darf an derselben Mauerseite bleiben, die er bei der «Hinrunde» überstiegen hat.

> Ungeübte Teams sollte man vorab darauf hinweisen, dass die größte Schwierigkeit darin besteht, den letzten Spieler über die Mauer zu befördern.

Spinnennetz

Material: mehrere Seile, Reepschnüre oder Gummiseile; evtl. Glöckchen, Wäscheklammern
Variante 3: verschiedene Gegenstände zum Transportieren
Gelände: Wiese oder Waldstück mit zwei Bäumen (Abstand: ca. 2 – 5 m)
Gruppe: ab 6 Teilnehmern
Zeit: ca. 45 Minuten

Die Gruppe muss ein «Spinnennetz» überwinden – ein senkrechtes, aus Seilen geknüpftes netzartiges Geflecht zwischen zwei Bäumen. In diesem Netz gibt es so viele Löcher, wie Spieler in der Gruppe sind. Weitere Hilfsmittel stehen nicht zur Verfügung und sind auch nicht erlaubt. Aufgabe des Teams ist es, als gesamte Gruppe durch die Löcher des Netzes zu kommen. Aber Vorsicht: Die Seile dürfen nicht berührt werden, auch nicht die Bäume, Stämme und Äste, an denen das Seil befestigt ist.
Wird ein Seil von einem Teilnehmer berührt, muss er wieder zurück und kann dann weitere Versuche unternehmen. Sobald ein Spieler durch ein Loch gereicht wurde, schließt es sich, und kein anderer kann später diesen Durchgang benutzen.
Die Aufgabe ist gelöst, wenn sämtliche Teilnehmer innerhalb der vorgegebenen Zeit auf der anderen Seite des Netzes stehen.

Varianten

1. Berührt ein Spieler ein Seil, kann es unterschiedliche Konsequenzen geben: Der betreffende Spieler muss zurück; oder alle Spieler, die ihn berührt haben, müssen zurück; oder der Betreffende erhält ein Handicap (ist «blind», «stumm», «einarmig» …); oder alle Spieler müssen zurück; oder es gibt Zeitabzug.
2. Mehrere Teams bauen sich gegenseitig ein Spinnennetz.
3. Es müssen interessante Gegenstände mittransportiert werden (Kuchen, Kerzen, Wasserglas, Gitarre, Schwert …).
4. Nach der Planungsphase verläuft die Aktionsphase komplett schweigend.

- Die Größe der Löcher ist für den Spielausgang entscheidend. Notfalls kann auch erlaubt werden, dass ein (oder mehrere) Spieler über das gesamte Netz gehoben werden darf (oder darunter hindurchkriechen darf).
- Es gilt das Prinzip der Freiwilligkeit! Schwere, weniger sportliche oder ängstliche Teilnehmer dürfen das Spinnennetz durch ein besonders großes Loch passieren.
- Hechtsprünge sind nicht erlaubt.
- Das Spinnennetz eignet sich ideal für ehrgeizige Gruppen, die das gleiche Hindernis immer besser und schneller überwinden wollen.
- Kleine Hinweise sind sinnvoll: Ein Glöckchen am Netz zeigt an, ob ein Seil berührt wurde. Passierte Löcher (mit Zweigen oder Wäscheklammern) zuhängen.

Drunter und drüber

Material: etliche Seile, elastische Bänder, Gummiseile usw.
Gelände: Wiese mit mehreren Bäumen
Gruppe: 7 – 20 Teilnehmer
Zeit: ca. 45 Minuten

Zwischen mehreren Bäumen ist waagerecht in Oberschenkelhöhe (60 – 80 cm über dem Boden) ein Spinnennetz aus Seilen gespannt. Es ist ca. 6 – 8 m lang, ca. 4 m breit und hat doppelt so viele Löcher, wie die Zahl der Mitspieler beträgt. Wie kann das Team von der einen Seite des Netzes auf die andere kommen? Bei dieser Aufgabe darf jeder Spieler das Netz nur einmal von oben und einmal von unten in zwei verschiedene Löcher besteigen. Den restlichen Weg muss er über das Netz «schweben», also von seinen Kameraden darübergehoben, getragen und weitergereicht werden.
Jedes Loch, das von einem Spieler von oben oder unten durchstiegen wurde, schließt sich automatisch. Wenn ein Spieler ein Seil berührt, muss er wieder von vorne anfangen. Am Ende muss die gesamte Gruppe auf der anderen Seite des Netzes stehen.

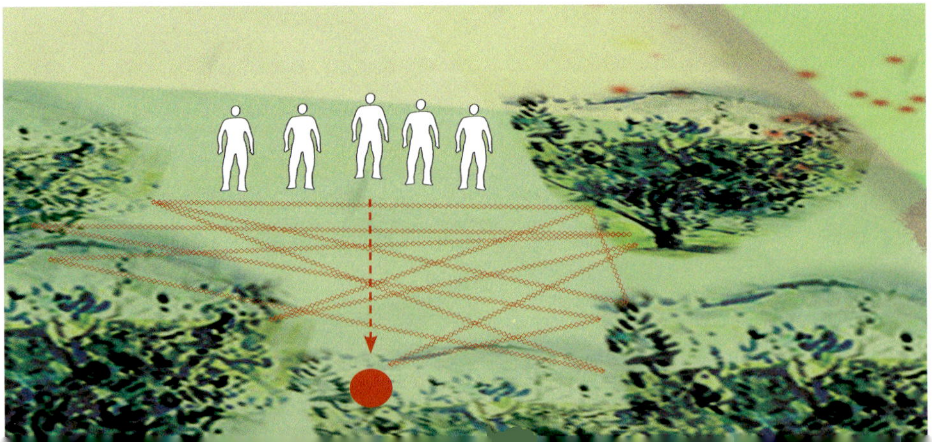

Variante

Das Netzfeld wird mit einem Mittelinienseil in zwei Hälften geteilt. In jeder Hälfte hat das Netz ebenso viele Löcher wie Spieler. In der vorderen Hälfte müssen die Löcher von oben genommen werden, in der hinteren Hälfte dagegen von unten. Den Weg von der vorderen zur hinteren Hälfte haben die Spieler kriechend unter dem Netz zurückzulegen.

Ansonsten gilt auch hier: nur einmal von oben und einmal von unten einsteigen. Der Rest des Weges muss «schwebend» gemeistert werden, das heißt, der Spieler muss von den Mitspielern über das Netz getragen werden.

- Das Spielniveau ist vor allem von der Größe der Löcher abhängig, aber auch von der Anzahl der Löcher unmittelbar an der Ein- und Ausstiegslinie des Netzes. Denn an diesen Linien muss die meiste «Hebearbeit» geleistet werden. Sind am Anfang oder Ende nur wenige Löcher vorhanden, kommt es schnell zu einer Situation wie bei einem Flaschenhals.
- Die Löcher sind bei diesem Spiel deutlich größer als beim vorigen (beim «Spinnennetz»).

Magier Merlin

Material: zahlreiche Seile, Gummischnüre, elastische Schnüre
Variante 2: Ringe, Reifen, Taue
Variante 4: Softbälle
Variante 5: Schwarzlicht, weiße Seile, Handschuhe, schwarze Kleidung
Gelände: Wiese mit Baumbestand oder Waldstück
Variante 2: Gelände mit schwer begehbarem Untergrund
Gruppe: 7 – 20 Teilnehmer
Zeit: ca. 45 Minuten

In einem ca. 4 m breiten und 10 m langen Gang ist ein Geflecht aus Seilen gespannt. Es ist an manchen Stellen besonders eng gewoben, an anderen dagegen ist mehr «Luft» vorhanden.
Es die Aufgabe der Gruppe, den vom Magier Merlin angelegten Zauberpfad ungeschoren zu überwinden. Sie darf den Pfad ausgiebig von außen erforschen. Nachdem die Strategie festgelegt wurde, geht es an den Start. Nach und nach steigen die Spieler in den Zauberpfad ein, bis schließlich sämtliche Mitspieler unterwegs sind. Wird jedoch ein Seil von einem Spieler berührt, erfasst ihn sogleich ein mächtiger Zauber: Er bleibt so lange versteinert, bis drei weitere Mitspieler ihn berührt und so von seinem Bann erlöst haben; jetzt kann er weitermachen.
Kommt ein Spieler aber vom Pfad ab (d.h. er befindet sich außerhalb des Seilgeflechts), muss er wieder von vorn beginnen. Einige Stellen des Pfades sind so geräumig, dass man sie gut und gerne allein bewältigen kann, andere Abschnitte sind dagegen so dicht mit Seilen verspannt, dass ein Durchkommen nur mit vereinten Kräften möglich ist. Die Kräfte sind jedoch gut einzuteilen, denn die zur Verfügung stehende Zeit ist begrenzt.
Erst wenn alle Mitspieler den hinteren Ausgang (mit einer besonders engen Ausstiegsstelle) verlassen haben, ist es geschafft: Das Reich Merlins ist erreicht, sein Zauber ist aufgelöst.

Varianten

1. Bei Berührung der Seile sind auch folgende «Sanktionen» möglich: Der Spieler muss zum letzten Hindernis zurückkehren. Oder: Sämtliche Spieler müssen um ein Hindernis zurück.
2. *Zauberpfad-Parcours:* Auf dem Pfad sind zahlreiche originelle Hindernisse mit eingebaut: Verschiedene Ringe und Reifen baumeln an den Seilen oder sind fest fixiert. Taue hängen von oben herab – mit ihnen muss man über meterhohe Wände schwingen. Bachläufe und Wassergräben, steinige, morastige oder rutschige Untergründe können mit einbezogen werden.
3. Die gesamte Gruppe muss immer in Körperkontakt untereinander sein. Der Kontakt kann ständig gewechselt werden.
4. An den Seiten stehen Gegenspieler, die von außen mit ihren Armen in den Pfad greifen können. Wird ein Spieler berührt, ist er versteinert. Oder es wird mit ein paar Softbällen geworfen; das erfordert besondere Vorsicht.
5. Man kann das Spiel auch in der Dämmerung ausprobieren. Oder mit Schwarzlicht. Benötigt werden dazu: eine UV-Lampe, weiße Seile und Handschuhe, möglichst auch schwarze Kleidung.

➤ Damit weniger geschickte Spieler ebenfalls Chancen haben, sollte auch eine leichtere Tour integriert werden. Sie darf aber nur einmal benutzt werden.

Burgeroberung

Material: Larp-Schwerter und Schilde, Helme oder Fechtmasken (für die Angreifer)
Variante 1: Luftmatratzen / Isomatten
Variante 2: mit Seifenwasser präparierte Plane
Variante 4: Softbälle
Gelände: längliches Spielfeld, z.B. 10 m breit, 50 m lang (je nach Gruppengröße und Schwierigkeitsgrad)
Variante 2: Parcours mit Hindernissen
Gruppe: 7 – 15 Teilnehmer
Zeit: ca. 45 Minuten

Zwei gleich große Teams: Die Angreifer sind an der Stirnseite des Felds, die Verteidiger im Feld selbst; sie bleiben auf ihrer Position stehen (sie dürfen nur Ausfallschritte machen). Die Verteidiger müssen ihre Burg (z.B. eine Hütte) auf der anderen Stirnseite des Felds beschützen. Die Angreifer versuchen, unbeschadet durch das Feld zu gelangen, um die Burg zu stürmen. Unterwegs können sie von den Verteidigern mit ihren Larp-Schwertern abgeschlagen werden. Die Verteidiger müssen untereinander einen Mindestabstand einhalten (sie dürfen höchstens so nah zueinander stehen, dass sich ihre Schwertspitzen gerade berühren können). Wird ein Angreifer mit dem Schwert getroffen, scheidet er aus. Mit seinem Schild kann er die Schläge aber abfangen (Kopfschläge sind verboten; die Angreifer tragen einen Helm). Die Verteidiger dürfen sich gegenseitig die Schwerter zuwerfen, um dann mit zwei Schwertern gegen die Angreifer vorzugehen. Wird das Schwert aber fallengelassen, ist es verloren.
10 Minuten Planungszeit für die optimale Aufstellung; die Angreifer brüten währenddessen ihren Schlachtplan aus. In der nächsten Runde werden die Rollen getauscht.

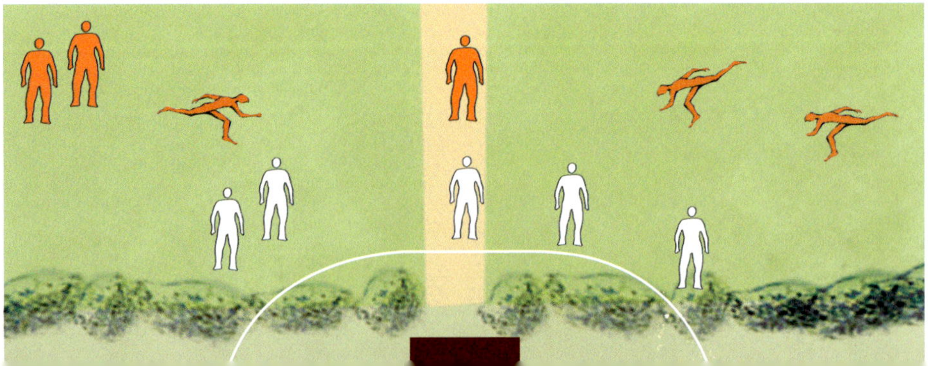

Varianten

1. *Burgkampf:* Eine körperlich-kämpferisch orientierte Version ist es, wenn die Verteidiger mit Luftmatratzen (oder leichten, kleinen Turn- oder Isomatten) ausgestattet sind. Damit können sie die Angreifer abwehren und behindern. Ihre Arme befinden sich hinter dem Schild und dürfen nicht direkt eingesetzt werden. Regel: Die Verteidiger dürfen sich nur auf ihrer Querlinie bewegen. Sie können auch zusätzlich mit Kissen ausgerüstet werden. Der letzte Verteidiger wartet in der «Burg» (einem Seilkreis von ca. 4 m Durchmesser) auf die Angreifer. Diese müssen es zuletzt noch schaffen, ihn aus der Burg zu schieben.
2. *Burgrutsche:* Das Spiel ist übrigens auch auf einer mit Seifenwasser präparierten rutschigen Plane gut zu spielen. Der «Spaßfaktor» ist dabei noch höher, zugleich aber auch die Unfallgefahr. Außerdem können Handicaps (blind, auf einem Bein hüpfend) und Hindernisse (Stämme zum Überspringen, Geröll, Böschung, Gräben, ein großes schwingendes Seil usw.) eingebaut werden.
3. Das Spiel wird noch «echter», wenn die überwundenen Verteidiger dennoch weiterspielen dürfen. Das ist ihnen dann im «Füßlegang» möglich: Sie können sich fortbewegen, indem sie Fuß an Fuß setzen. Noch mehr Dynamik entsteht, wenn auch die abgeschlagenen Angreifer im Füßlegang weiterspielen dürfen.
4. Parallel kann es Aufgabe der Angreifer sein, möglichst viele Schätze (Softbälle) in die Burg zu schleusen. Diese dürfen geworfen oder gerollt, aber nicht getragen werden. Achtung: Die Verteidiger dürfen mit den erwischten Bällen auch abwerfen.
5. *Burgbefreiung:* Die Angreifer versuchen, die Burg mit so vielen Spielern wie möglich zu erreichen, kehren dort um und befreien auf demselben Rückweg wieder so viele Mitspieler wie möglich durch Berührung.
6. *Todesgasse* (einfache Version): Die Spieler durchlaufen einzeln die Gasse, die gespickt ist mit schwierigen und verrückten Abenteuern.

Land of Mystery

Material: viele Luftballons, Seile, Markierungen (z.B. Hütchen)
Variante 1: je 1 Filzstift pro Spieler
Variante 3: Luftballons in vier verschiedenen Farben
Gelände: Wiese mit vielen Wegen, die mit Seilen ausgelegt wurden
Variante 3: größeres Spielfeld ohne Seilbegrenzungen
Gruppe: ab 8 Teilnehmern
Zeit: ca. 30 Minuten

Auf einer großen Fläche (Wiese) ist ein Labyrinth an x-beliebigen Wegen angebracht. An einigen Kreuzungspunkten der Wege (im «Land of Mystery») sind Markierungen aufgestellt. An den vier Ecken der Fläche ist je ein Team am Start.
Jeder Spieler versucht nun, innerhalb der vorgegebenen Zeit Luftballons von seinem Startpunkt aus zur gegenüberliegenden Ecke zu befördern. Nur: Die Luftballons dürfen nicht festgehalten und getragen werden, sondern müssen, abgesehen von kleinen Berührungen, ständig in der Luft sein. Sollte ein Ballon zu Boden gehen, wäre er verloren. Natürlich kann ein anderer Spieler, der in der Nähe ist, noch im letzten Moment den Ballon vor der Landung retten. Er muss dann auch diesen Luftballon auf dem Weg zur anderen Seite mittransportieren.
Am Ziel wird der Luftballon in einen bereitgestellten Korb gelegt. Jeder Spieler muss seinen Weg so wählen, dass er an allen markierten Kreuzungspunkten vorbeikommt. Schafft es die Gruppe, 100 Luftballons in 20 Minuten zu transportieren? Alle helfen zusammen!

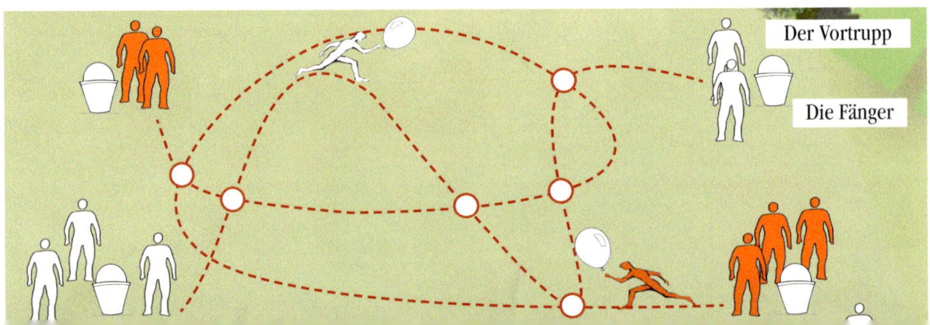

Varianten

1. Auf dem Weg muss jeder Spieler von jedem anderen Spieler zusätzlich noch eine Unterschrift auf seinem Luftballon einholen. Selbstverständlich dürfen die Ballons für die Zeit des Unterschreibens festgehalten werden, aber nicht länger. So hat jeder Spieler neben dem Ballon auch stets einen Filzstift mitzutragen.
2. Das Spiel findet im «Partnermodus» statt: Kleine Teams (je zwei oder drei Personen) spielen sich permanent die Ballons zu.
3. Bei dieser Version ist das Spielfeld deutlich größer, und es gibt auch keine Pfade (d.h. keine Seilbegrenzungen) mehr. An allen vier Spielfeldecken steht je ein Team, und jedem Team sind Ballons einer bestimmten Farbe zugeteilt. Jetzt heißt es: «Alle Hände in die Hosentasche! Geht zur jeweils gegenüberliegenden Ecke, aber bringt pro Gang mindestens ein Ballon von eurer Farbe mit!»
   Wie viele Ballons können in 30 Minuten ans Ziel gebracht werden? Vorsicht: Wenn die Ballons mit den Füßen befördert werden, ist die Gefahr des Platzens am größten!

➤ «Land of Mystery» kann draußen nur bei Windstille gespielt werden, sonst heißt das Spiel eher «Vom Winde verweht».

Vertrauensspiele

«Vertrauen ist das eine goldene Wort, das in der Zukunft das soziale Leben beherrschen muss. Liebe zu dem, was man zu tun hat, ist das andere goldene Wort. Und in der Zukunft werden diejenigen Handlungen sozial gut sein, die aus allgemeiner Menschenliebe gemacht sind.»

Rudolf Steiner

Die Ursache für das Scheitern vieler Initiativen, der Arbeit von Organisationen und Kollegien ist oft mangelndes Vertrauen der Personen untereinander. Die folgenden Spiele zeigen, dass es entscheidend ist, an die Fähigkeiten der anderen zu glauben und auf das Gelingen des gemeinsamen Projekts zu hoffen und zu bauen. Und wie zerstörend es stattdessen sein kann, Misstrauen zu hegen.
Zugleich sind die Spiele auch gute Übungen, ein solches Vertrauen zu entwickeln und die Vertrauensfähigkeiten zu stärken.

Kap der letzten Hoffnung

Material: Seile, Helme (bei schweren Aufgaben)
Variante 1: verschiedene Gegenstände zum Transportieren
Variante 3: 1 Tau oder 1 Strickleiter
Gelände: markantes Hindernis (Baum mit einer Gabelung auf ca. 2 m Höhe, Türmchen, Hütte ...)
Gruppe: ab 7 Teilnehmern
Zeit: ca. 60 Minuten

Eine Gruppe «Eroberer» kommt eines Tages (bereits vollkommen erschöpft) an einen Umkehrpunkt: ans Kap der letzten Hoffnung. Sie muss auf ihrer Eroberungstour dieses Hindernis (einen kleinen Turm, einen Baum oder eine Hütte) überwinden; daran führt kein Weg vorbei. Es wäre eigentlich ziemlich einfach, wenn nicht überall die Piraten auflauern würden, die berüchtigt sind für ihre heimtückische Art, Menschen zu «schanghaien» (d.h. durch List und Betrug für sich dienstbar zu machen). So ist die Gruppe aus Sicherheitsgründen gezwungen, dass jeder Einzelne mit irgendeinem anderen Teilnehmer in Körperkontakt steht. Auf diese Weise muss sich das gesamte Team über das Hindernis manövrieren – und das alles in 45 Minuten (die Planungszeit nicht mitgerechnet) und ohne dass die Kette unterbrochen ist.

Varianten

1. Es müssen gleichzeitig einzelne Gegenstände mitgenommen werden: z.B. ein Tablett mit vollen Gläsern; oder große und sperrige Gegenstände, etwa Koffer, Rucksäcke, eine große Fahne, Luftmatratzen.
2. Weil die Gruppe durch die Expedition sehr geschwächt ist, sind einige Mitglieder kurzzeitig «erblindet», «erlahmt» (einbeinig), «stumm» … Oder das Team muss ein Lied singen, während es das Hindernis überwindet. Bei einem leichten Hindernis bringen diese Handicaps oft die nötige Würze.
3. Um auch besonders schwierige Hindernisse auf diese Weise meistern zu können, wird dem Team ein Seil (besser: ein Tau) oder eine Strickleiter bereitgestellt. Aber nicht vergessen: ständiger Körperkontakt; die «Energiekette» darf nie reißen!

➤ Der Reiz der Aufgabe hängt in erster Linie von der Art des Hindernisses ab. Bei besonders schweren Hindernissen empfiehlt es sich, der Gruppe zusätzlich ein Seil und Helme zur Verfügung zu stellen. Ein «Leckerbissen» für Erlebnishungrige sind breite Bäume, die auf der Höhe zwischen 2 und 3 m gespalten sind oder eine sattelartige Gabelung haben.

➤ Auf ununterbrochenen Körperkontakt ist streng zu achten. Bei wem die Kette reißt, wird z.B. mit «Blindheit» oder Ähnlichem bestraft.

Hexenritt

Material: 1 Holzgestell aus 3 Balken, die A-förmig zusammengenagelt sind, mind. 4 Seile
Variante 4: 1 Wasserball
Gelände: ebene Wiese
Gruppe: ab 5 Teilnehmern
Zeit: 30 Minuten

Ein Spieler steht in einem Holzgestell, das wie ein riesiges «A» aussieht, und muss sich darin fortbewegen. Das ist schwerer, als man denkt – auch wenn mindestens vier Freunde mit langen Seilen, die an der Spitze des «A» befestigt sind, helfen und dort ziehen. Denn nur wenn die Helfer in einen harmonischen Rhythmus kommen und die Seile in die richtige Richtung mit dem richtigen Schwung ziehen, kommt das Gestell mitsamt dem Piloten vorwärts. Jetzt liegt es an ihm, sich möglichst weit «aus dem Fenster zu lehnen», um mit dem «richtigen Dreh» voranzukommen.
Schafft das Team den fulminanten Hexenritt, und kann es in 15 Minuten die vorgegebene Strecke zurücklegen?

Varianten

1. Mehrere Teams machen sich gleichzeitig von verschiedenen Punkten aus auf den Weg und müssen sich in der Mitte des Feldes treffen. Dort müssen die Piloten ihre Fahrzeuge wechseln und wieder an den Ausgangspunkt zurückkehren.
2. Nach dem Staffellauf-Prinzip: An den beiden Umkehrpunkten übernimmt ein neuer Pilot das Fahrzeug. Aber auch die Seilzieher dürfen im Laufe der Staffel nach und nach Piloten werden.
3. In einem extragroßen «A» ist Platz für zwei Piloten. Je nach Geschicklichkeit wird es dadurch doppelt oder halb so schwer.
4. *A-Ball:* Zwei Mannschaften (z.B. mit je zwei Piloten) spielen gegeneinander und versuchen einen Wasserball über die gegnerische Grundlinie zu befördern.
5. Bisher war es vor allem für den Piloten aufregend – jetzt wird auch den «Haltern» eingeheizt: denn es gibt nun zwei A's, die gleichzeitig gesteuert werden müssen! Damit es den Seilhaltern nicht zu schwer wird, sollten die Piloten ihre A's recht eng zusammen manövrieren.

➤ Ein besonderes Vergnügen ist der «Hexenritt» als Nachtspiel.

➤ Der Bau eines laufenden «A» ist leichter, als man denkt …

Über Stock und Stein

Material: mehrere stabile Stöcke oder Holzstäbe (Gymnastik- oder Turnstäbe)
Variante 1: zusätzlich 1 Reifen
Gelände: ebener Platz im Freien
Variante 2 und 3: Hindernisparcours
Gruppe: ab 9 Spielern
Zeit: ca. 15 Minuten

Die Spieler stehen sich in einer Gasse gegenüber. Auf der Schulter der zwei sich jeweils gegenüberstehenden Teilnehmer liegt jeweils ein großer hölzerner Stock. Am Beginn der Gasse steht ein Spieler, der versucht, über die so entstandene «waagerechte Leiter» zu klettern.
Das ist natürlich nur mit der aktiven Hilfe sämtlicher Spieler möglich. Am Ende angekommen, steigt schon vom Ausgangspunkt der nächste Spieler auf die Leiter, sodass eine Raupe entsteht, bis auch der Letzte über die Leiter geschritten ist.

Varianten

1. Für sportliche Spieler: Die Stäbe werden unterschiedlich hoch gehalten, sodass die Sprossenleiter eher einer «Fieberkurve» gleicht. Es muss sogar noch ein Reifen durchstiegen werden. Und eine besonders schwere Aufgabe: Der Spieler klettert zunächst oben über die waagerechte Leiter, taucht dann an der letzten Sprosse kopfunter ab und klettert jetzt unten an der Leiter entlang, hangelt sich also an Händen und Füßen zurück. Hierbei sind Hilfestellungen aus dem Team besonders «wertvoll» und wichtig.
2. *Stockparcours:* Die Sprossen, die der Läufer überstiegen hat, kommen wieder nach vorne, sodass sich die gesamte Leiter vorwärtsbewegt; d.h. diejenigen, die die betreffende Sprosse gehalten haben, stellen sich mit dem Stab am anderen Ende wieder an. So kann eine Parcoursstrecke mit Hindernissen aufgebaut werden: Hügel, Wassergräben, Slaloms, dichtes Gestrüpp, Engpässe, Tore, unter denen sich der Läufer hindurchducken muss usw.
3. Der Parcours kann auf Zeit gelaufen werden; oder als Staffel; oder auch im Vergleich der Teams untereinander. Mehrere Teams können sich gegenseitig den abenteuerlichsten Parcours bauen.

➤ Nur für Schwindelfreie und Trittsichere geeignet!

Zitterpartie

Material: 1 Wanne, mit Wasser gefüllt
Gelände: ebene Wiese
Gruppe: ab 7 Spielern
Zeit: 15 Minuten

Nichtsahnend legen sich die Spieler sternförmig zueinander auf den Rücken, die Beine und Füße (mit Schuhen) nach innen gerichtet. Der Spielleiter erklärt, dass sie es gemeinsam schaffen müssen, eine Wanne mit kaltem Wasser auf ihren Füßen zu balancieren. Die Spieler liegen jetzt Becken an Becken kreisförmig nebeneinander und strecken die Beine nach oben. Sobald ihre Schuhe eine gerade Fläche abgeben, legt der Spielleiter behutsam die Wanne darauf und gießt das Wasser ein.
Aber damit noch nicht genug: Der Leiter verkündet jetzt, dass es verboten ist, die Wanne für längere Zeit mit Schuhen zu berühren. Daher: Bitte alle die Schuhe ausziehen! Die Wanne muss selbstverständlich weiterhin balanciert werden.

Bei einer unorganisierten Gruppe bricht spätestens jetzt das große Tohuwabohu aus. Ein geübtes Team behält dagegen die Ruhe und organisiert ein geordnetes Ausziehen der Schuhe.
Am besten: Die Schuhe werden einer nach dem anderen reihum ausgezogen. Das Spiel wird hier zur Zitterpartie, denn die nasskalte Überraschung schwebt wie ein Damoklesschwert über der Gruppe.

Varianten

1. Statt die Schuhe auszuziehen, kann sich die Gruppe durch den Countdown erlösen: Sie zählt rückwärts von 20 bis 0; reihum sagt jeder eine Zahl, aber es dürfen nie zwei Spieler gleichzeitig eine Zahl aussprechen. Die Gruppe muss so lange aushalten, bis sie es geschafft hat und bei «0» angelangt ist.
2. Jeder bekommt einen Gymnastikstab, der zwischen Fuß und Wanne geklemmt werden soll. Den besten Halt finden die Stäbe dabei am oberen Rand (der «Krempe») der Wanne. Hier ist recht viel «Zehenspitzengefühl» gefragt. Hält die Wanne?

➤ «Zitterpartie» kann auch den mächtigsten Partylöwen zum Brüllen oder zum Zittern bringen.

Seil-Master

Material: 1 Spanngurt (ca. 8 m lang), 1 Seil, 1 Tuch oder Augenbinde
Variante 1: mehrere Reepschnüre
Variante 2: 2 Spanngurte
Variante 4: Tennisbälle, Dartpfeile, Zielscheiben
Gelände: Wiese mit Bäumen oder Waldstück
Gruppe: ab 5 Spielern
Zeit: ca. 15 Minuten

Zwischen zwei Bäumen im Abstand von mindestens 5 m ist ein Spanngurt auf Hüfthöhe gespannt. An einem Baum ist zusätzlich ein Seil in Kopfhöhe (ca. 2 m über dem Spanngurt) festgemacht. Die Gruppe weiß lediglich, dass sie schleunigst zum anderen Baum muss – ohne je den Boden zu berühren. Und dass auch ein «Blinder» unter ihnen auf dem Weg über den Spanngurt den anderen Baum erreichen muss.
Clevere Teams lösen die Aufgabe so, dass ein geübter Seilgänger vorangeht, bewaffnet mit einem langen Ast, mit dem er sich wie mit einem Stock auf dem Boden abstützen kann. Hinter sich führt er den «blinden» Spieler an der Hand. Dieser hält sich mit der anderen Hand am oberen Seil fest, das am ersten Baum befestigt ist. Dann folgen die anderen Teilnehmer. In diesem Konvoi schiebt sich nun die ganze Mannschaft auf dem Spanngurt vorwärts, bis auch der Letzte den zweiten Baum erreicht hat.

Varianten

1. Statt dem oberen Halteseil sind es nun mehrere Reepschnüre, die von einem hohen Ast herunterhängen. Man kann sie zwar gut erreichen, wenn man auf dem Gurt balanciert, sie sind aber in ca. 3 m Abstand voneinander angebracht, sodass ein Seilgänger nicht ohne Hilfe an die nächste Schnur kommt. Nur mit perfekter Teamchoreografie schafft es die Gruppe zum anderen Baum.
2. *Seil-V:* Zwei Gurte sind «V»-förmig an drei Bäumen festgemacht. Zwei Spieler starten an der Spitze des «V» und versuchen, indem sie sich gegenseitig abstützen, so weit wie möglich an den Schenkeln des «V» nach vorne zu kommen.
3. *Aneinander vorbei:* Zwei Seilgänger kommen sich von beiden Seiten des Baumes entgegen. Jeder ist durch ein oberes Seil gesichert und gestützt. Ziel ist es, dass sie jeweils den Baum des anderen erreichen. Der Clou ist freilich, wie die beiden es schaffen, aneinander vorbeizukommen.
4. *Seilparcours:* Mehrere Teams durchlaufen einen kompletten Seilparcours mit verschiedenen Stationen. Parallel zu den Seilaufgaben müssen am Rand des Parcours auch «Schätze» (z.B. Tennisbälle) eingesammelt, Dartpfeile auf Zielscheiben geworfen werden usw. Welches Team sammelt dabei die meisten Punkte (wer hat die schnellste Zeit, die wenigsten Bodenkontakte usw.)?

- In Büchern über Niedrigseilelemente sind zahlreiche weitere Spiele dieser Art zu finden.
- Seilspiele eignen sich hervorragend als Einlagen: pfiffig, aber nicht zu lange spielen, da sie anstrengen und ermüden.
- Bei Seilspielen gehört der Aufbau unbedingt mit dazu.

Der Flug des Ikarus

Material: –
Variante 1: Stöcke oder (Larp-) Schwerter
Gelände: Wiese mit ebener Fläche, mind. 30 m lang
Gruppe: möglichst viele Spieler, ab 9 Teilnehmern
Zeit: 30 Minuten

Alle Spieler stehen sich in einer Gasse im Abstand von ca. 1 – 1,5 m gegenüber. Auch der Abstand von Spieler zu Spieler in der Reihe beträgt ca. 1 m. Vor dem «Eingang» der Gasse, in mindestens 5 m Entfernung, steht der erste (freiwillige) Läufer.
Die Spieler strecken nun die Arme geradeaus, mehr oder weniger waagerecht nach vorne (je nach Größe), sodass sich ihre Handflächen hintereinander befinden und eine Linie auf Kopfhöhe des Läufers ergeben. Der Läufer nimmt Anlauf und läuft dann mit mittlerem Tempo durch die Spielergasse. Kurz bevor er auf die Hände prallen würde, reißen die Spieler sie nacheinander nach oben.

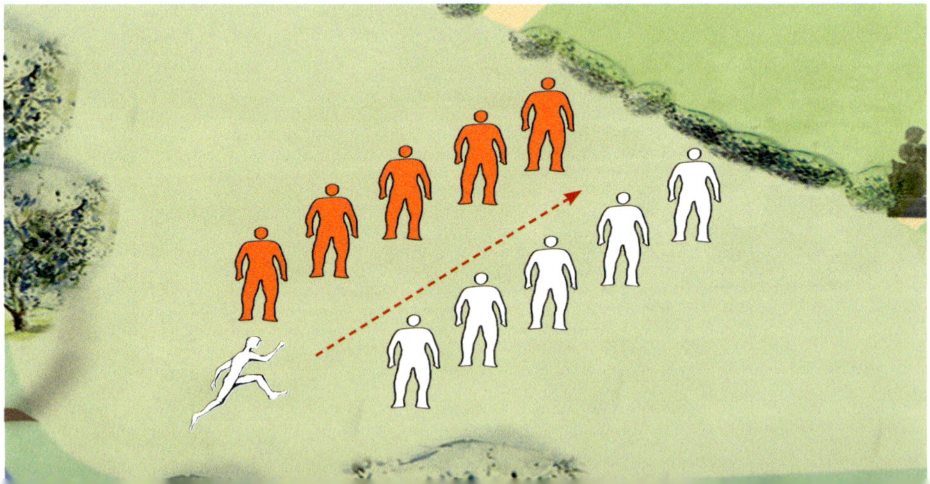

Varianten

1. Wer die besondere Herausforderung sucht: die Gasse kann auch mit Stöcken oder (Larp-) Schwertern gebildet werden. Bevor der erste Läufer einläuft, bitte vorher «trocken» üben!
2. *Auf Händen tragen:* Die einander gegenüberstehenden Spieler fassen sich an den Händen und halten sie gut fest. Der Läufer springt in die Gasse und liegt nun auf den ausgestreckten Armen der Spieler. Mit Schaukelbewegungen der Arme fliegt der Läufer in kleinen Bögen von Armpaar zu Armpaar durch die ganze Gasse. Die Ersten in der Gasse stückeln hinten wieder an, sodass sich die Gasse über weite Strecken bewegen kann, bis sie den Läufer schließlich irgendwo ablegt.
3. *Flieger:* Der Läufer kann in der Gasse auch über die Köpfe der Spieler hinweg weitergereicht werden, indem die Spieler ihre Arme nach oben strecken und den Läufer oben festhalten und weitergeben. In der Gasse können auch mehrere «Flieger» gleichzeitig unterwegs sein.

➤ Der Lauf durch die Gasse kann beim Betreffenden interessante Bilder und Gefühle auslösen. Man sollte dem Läufer hinterher Zeit zur Besinnung geben.

➤ Nicht den sportlichen Ehrgeiz, sondern das Erlebnis des Vertrauens in die Gruppe in den Vordergrund stellen.

Titanic

Material: Papiere und Stifte für jeden Spieler, evtl. Tisch und Stühle oder Seile
Variante 4: 1 Kerze pro Team
Gelände: Wiese; auch in einem großen Raum zu spielen
Gruppe: mind. 7 Teilnehmer
Zeit: ca. 60 Minuten

Um mit einem Spezialschiff den Atlantischen Ozean überqueren zu können, wird eine «Spitzenmannschaft» gesucht. Zunächst überlegt jedes Team, welche Positionen und Rollen zur Besatzung gehören sollen. Anschließend baut die Mannschaft mit Tischen und Stühlen (im Freien: Äste, Seile …) ihr Schiff. Nun soll jeder Spieler auf einem Blatt Papier die Idealbesetzung des Schiffs als «geheime Wahl» aufzeichnen. Dann kommt der spannende Moment, wo die Spieler ihre Plätze und Rollen einnehmen sollen. Das Team hat 10 Minuten Zeit, um schweigend die Plätze untereinander zu verteilen. Das Spiel ist gewonnen, wenn nach dieser Zeit die Spieler auf ihren Plätzen stehen und die aufgedeckten Papiere zeigen, dass jeder Spieler seinen Platz auch von mindestens einem (oder zwei) anderen Spieler zugeteilt bekommen hat.

Varianten

Mit den folgenden Spielideen lassen sich (als «Soziogrammspiele») versteckte Strukturen in Gruppen aufdecken, die dann bearbeitet werden können.

1. Die Rollen, die die einzelnen Spieler gewählt haben, werden hinterfragt. Der Kapitän, der Erste Offizier, der Steuermann usw. müssen begründen, warum sie diese Rolle eingenommen haben. Danach dürfen die Spieler Rückmeldungen geben, ob sie die Rollenübernahme und die Begründung mittragen können.
2. *Die Rettung:* Die Mannschaft muss ein Rettungsmanöver (z.B. eine Havarie oder einen Kampf im Orkan) als spannendes Theaterstück spielen. Die Gruppe hat 20 Minuten Planungszeit, um die Simulation der Rettung vorzubereiten und in eine schauspielerische Szene zu kleiden.
3. *Das Opfer:* Die Titanic hat zwar Rettungsboote, aber eines zu wenig. Das Diskussionsspiel kann beginnen – es endet, wenn die Gruppe eine für alle akzeptable Lösung gefunden hat. Muss sich jemand opfern? Wer? Warum? Bei dieser Variante lassen sich u.U. Gruppendynamiken aufdecken, aus denen sich Mobbing-Situationen entwickeln könnten.
4. Sportlich: Es spielen mehrere Mannschaften (z.B. à acht Spieler); der Kapitän befindet sich jeweils in der Mitte des durch das Team gebildeten Schiffs. Er sitzt auf dem Rücken eines starken Ersten Offiziers. Dort hütet er eine brennende Kerze. Jedes Schiff versucht ein anderes zu kapern und die Kerze auszublasen. Vorschrift: Alle Spieler bilden den Schiffsrumpf und geben sich die Hände; sie dürfen sich das ganze Spiel über nie loslassen.

➤ Nach Belieben und Angemessenheit kann statt dem Schiff auch ein Orchester, eine Fußballmannschaft, Nordpolexpedition usw. als Teamgrundlage gewählt werden.

Vertrauens-Check

Material: –
Variante 4: langer Ast oder Bambusstab
Gelände: Wiese oder Waldstück
Gruppe: mind. 7 Teilnehmer
Zeit: 15 Minuten
Alter: ab 14 Jahren

Um das Vertrauen eines Teams untereinander zu stärken, können verschiedene kleine Übungen durchgeführt werden. Die Gruppe stellt sich kreisförmig auf, sodass der Durchmesser ca. 2 m beträgt. Ein Spieler betritt die «Arena» (die Mitte des Kreises), verschränkt die Arme vor der Brust und schließt vielleicht die Augen. Körperspannung! Und los geht's: Gemächlich und genüsslich lässt er sich nach hinten, nach vorne oder zur Seite kippen und wird von den anderen Teilnehmern sicher aufgefangen. Schließlich schwingt er wie ein Glockenschlegel zwischen ihnen hin und her, oder er wird wie in einem Kreisel weitergereicht. Das Tempo bestimmt nur er.
Auf diese Weise sind alle Spieler nacheinander Mittelpunkt des Kreises.

Varianten

1. Die gleiche Übung, nur zu dritt: Der Spieler in der Mittel pendelt von einem Außenposten zum anderen.
2. Immer zwei Spieler stehen sich gegenüber und fassen sich mit erhobenen Armen an den Händen. Zentimeter um Zentimeter vergrößern sie den Abstand zwischen sich, indem sie mit den Füßen nach hinten gehen. Körperspannung, steif machen wie ein Brett! Traut sich ein dritter Spieler unter die so entstandene «einsturzgefährdete Brücke»?
3. *Baumfäller:* In der Gruppe gibt es viele «Spaziergänger», einige «Bäume» und einen «Baumfäller». Die Spaziergänger gehen «im Wald herum», das heißt, sie laufen in einem bestimmten Bereich hin und her. Die «Bäume» bleiben dagegen die ganze Zeit stehen. Zwischendurch geht (heimlich) ein Baumfäller ans Werk und «fällt» einen «Baum», indem er den betreffenden Spieler auf den Rücken tippt. Ohne Rücksicht auf Umstehende stürzt dieser um – und hoffentlich in die Arme von aufmerksamen Spielern in der Nähe.
4. *Zauberstab:* Eine Gruppe von Spielern steht sich als Gasse gegenüber, die Zeigefinger nach vorne gestreckt. Der Spielleiter legt einen dünnen Stab (Ast, Bambusstab o.Ä.) auf die Fingerlinie. Die Anweisung lautet: «Legt den Stab auf den Boden, dabei muss jeder Finger den Stab ständig berühren!» Bald sind unter den Spielern die ersten Beschuldigungen und Streitereien zu hören – das Vertrauen schmilzt … Oder?

Vertrauensfall

Material: –
Gelände: geeignete Absprungstelle
Gruppe: mind. 9 Teilnehmer
Zeit: 60 Minuten
Alter: ab 14 Jahren

Die Teilnehmer stellen sich in einer Gasse auf und strecken die Unterarme waagerecht nach vorne. Die Hände sind somit reißverschlussartig nebeneinander. Am Ende der Gasse befindet sich eine Absprungstelle (Mauer, Brüstung o.Ä.) in 1 – 1,5 m Höhe. Darauf steht einer der Teilnehmer, mit dem Rücken zu Gasse; einen Arm hat er senkrecht nach oben gestreckt, der andere ist unter dem Hinterkopf abgewinkelt und hält den senkrechten Arm fest.
Der Spielleiter ruft: «Team, seid ihr bereit?» – Team: «Ja!» – «XY, bist du bereit?» – Teilnehmer: «Ja, ich bin bereit! Drei, zwei, eins. Ich falle!»
In diesem Augenblick lässt sich der Teilnehmer fallen und rücklings in die Arme der Gruppe kippen. Die Kameraden fangen ihn weich mit den Armen auf, federn mehrere Male langsam und gehen allmählich in ein Wiegen über, bis der Teilnehmer das Signal gibt, dass er auf die Beine gestellt werden will.

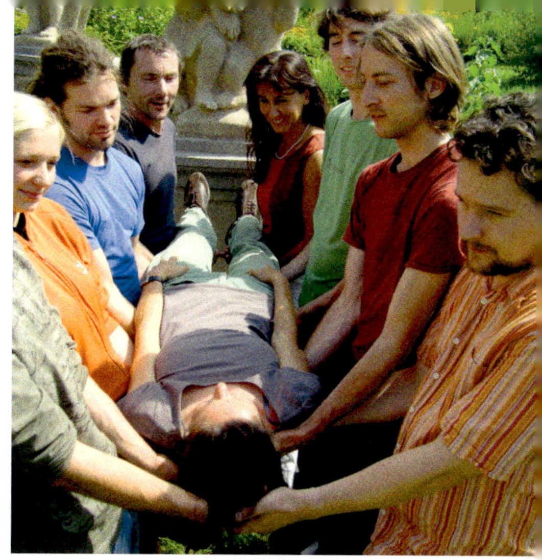

Varianten

1. Die Absprunghöhe kann variieren und sollte an die Gruppe angepasst sein. Tolldreiste Teams üben sich sogar im «Stage Diving», bei dem die Teilnehmer von einer hohen Rampe (1,5 – 2 m) mit Anlauf in die hochgereckten Hände der Gruppe hineinspringen. Andere Gruppen pflegen das Fallen nach vorne (Landung bäuchlings in der Gasse aus Händen).
2. *Sandwich:* Ein weiterer Teilnehmer liegt unter den ausgestreckten Händen, zwischen den Füßen der Haltenden. So kann er den Fall aus der «Froschperspektive» miterleben.

- Entscheidend für die Tiefenwirkung dieser Übung ist die intensive Vorbereitung des Settings, bis hin zu mentalen Übungen und Visualisierungen des Falls mit der gesamten Gruppe. Auf diese Weise können ungemein tiefgreifende und beglückende Erlebnisse für die Fallenden zustande kommen.
- Retreat: Nach dem Fall sollte der Teilnehmer sich zurückziehen können und genügend Zeit haben, die bei der Übung aufgetauchten Gefühle zu verarbeiten.
- Nachdem alle Teilnehmer die Chance genutzt haben zu springen, wird mit den Teilnehmern gemeinsam das Erlebte sensibel und wertschätzend besprochen und ausgewertet. Übungen dieser Art können die Nahtstelle zur Erlebnistherapie sein.
- Auch schwerere Personen können springen, wenn genügend starke Fänger dabei sind.
- Uhren, Schmuck und harte Gegenstände an Armen und Händen unbedingt vorher ausziehen.

Blindspiele

Vier blinde Männer werden zu einem Elefanten geführt und gefragt: «Was ist das?» Die Blinden tasten. Der Erste befühlt den Rüssel und sagt: «Ein Rohr.» Der Zweite streicht die Flanke entlang und meint: «Eine Wand.» Der Dritte, der am Schwanz steht: «Eine Peitsche.» Und der Vierte, der ein Bein abgetastet hat: «Ein Baum.»

Alte Weisheit

Spiele wie «Blinde Kuh» gehören zu den beliebtesten Kinderspielen und sind auch noch für Erwachsene reizvoll und vergnüglich. Warum? Weil es in der äußeren Dunkelheit des Blindseins innerlich heller wird. Fällt der in unserer Welt dominante Sehsinn fort, werden die anderen Sinne umso mehr geschärft und sensibilisiert. Blindspiele sind Spiele und Übungen für den «inneren Sehsinn» – nach dem Motto: Man sieht nur mit dem Herzen gut!

Blindkick

Material: Augenbinden, 1 großer Ball aus Gummi oder Schaumstoff
Variante 2: so viele Bälle wie Tandems
Gelände: ebene Fläche mit großen Toren
Gruppe: ab 8 Teilnehmern
Zeit: ca. 30 Minuten

Bei diesem Spiel gelten ähnliche Regeln wie beim Fußball. Allerdings spielen immer zwei Spieler als Tandem zusammen, von denen einer der beiden eine Augenbinde aufhat und blind ist. Es ist sinnigerweise gerade er, der den Ball spielen darf und Tore schießen kann. Sein Partner hat dabei die Aufgabe, den blinden Spieler – ohne ihn zu berühren – zu lotsen, zu dirigieren und ihm die «Koordinaten» für den Ball, die Mitspieler und das Tor zu signalisieren. Und natürlich ist es seine wichtigste Pflicht, für die Sicherheit des Blinden zu sorgen.
Nach der Halbzeit wird schließlich getauscht (sonst ist die Pointe weg)!
Es genügt ein kleines Tor (evtl. mit Tormann) – oder das nächstbeste Scheunentor. Außerdem kann man gut und gerne auf «Abseits», «Seiten-Aus» und ähnliche Finessen des «richtigen» Fußballs verzichten.

Varianten

1. Der sehende Partner darf jetzt den Spieler berühren, z.B. durch kurzes Antippen mit der Hand, durch Führen einer Hand, indem er ihn an die Schulter fasst usw.
2. Es sind so viele Bälle im Spiel, wie es Tandems gibt. Jeder Ball darf von jedem Tandem gespielt werden. Oder: Nur der rote Ball ergibt für die rote Mannschaft ein Tor, der blaue Ball für die blaue Mannschaft usw.
3. Der Sehende kann mitspielen, aber er darf den Ball nie nach vorne, sondern nur seitlich oder nach hinten schießen.
4. Zwei Sehende flankieren den blinden Spieler: Der erste ist für die Sicherheit des Spielers zuständig, der zweite für die Ballaktionen und das schussfertige «Servieren» des Balles.
5. Es spielen nicht zwei Mannschaften gegeneinander, sondern alle Teams spielen miteinander auf ein Tor.

- Ein Elfmeterschießen am Ende kann besonders vergnüglich sein.
- Nur weiche Gummi- oder Schaumstoffbälle einsetzen.
- Ein Schiedsrichter kümmert sich um die Einhaltung der Regeln, zählt die Tore, hat ein Auge auf die Sicherheit und sorgt insgesamt für einen geregelten Ablauf.
- Ein Torwart kann, muss aber nicht eingesetzt werden.
- Je größer der Ball, desto größer der Spaß!

Nebel von Avalon

Material: Augenbinden oder Tücher für alle Spieler, Kekse, Medizin o.Ä.
Gelände: Wiese, mind. 20 m lang; lässt sich auch in einem großen Raum spielen
Variante 3: Parcours mit Slalom und Hindernissen
Gruppe: ab 5 Teilnehmern
Zeit: ca. 30 Minuten

Bei einer Expedition ist ein Teilnehmer (ein Kind) leicht verletzt zurückgeblieben (er bleibt auf dem Boden liegen). Als der Verlust auffällt, hat bereits der Nebel eingesetzt (d.h. die Spieler sind «blind»; ihnen werden die Augen verbunden). Um sich gegenseitig nicht zu verlieren, gehen alle Spieler in einer Kette hintereinander; nur der letzte hat keine Augenbinde und kann sehen. Mithilfe eines lautlosen Signalsystems (stumm, nur durch die Hände) muss die Truppe jetzt zum Vermissten zurückfinden.
Ist er schließlich gefunden (er liegt immer noch auf dem Boden), muss jeder Spieler vorsichtig über ihn steigen, ohne ihn jedoch zu berühren.
Um den Verletzten wieder aufzurichten, kehrt die Schlange erneut um, und der Vorderste versucht, dem Liegenden einen Keks in den Mund zu schieben.

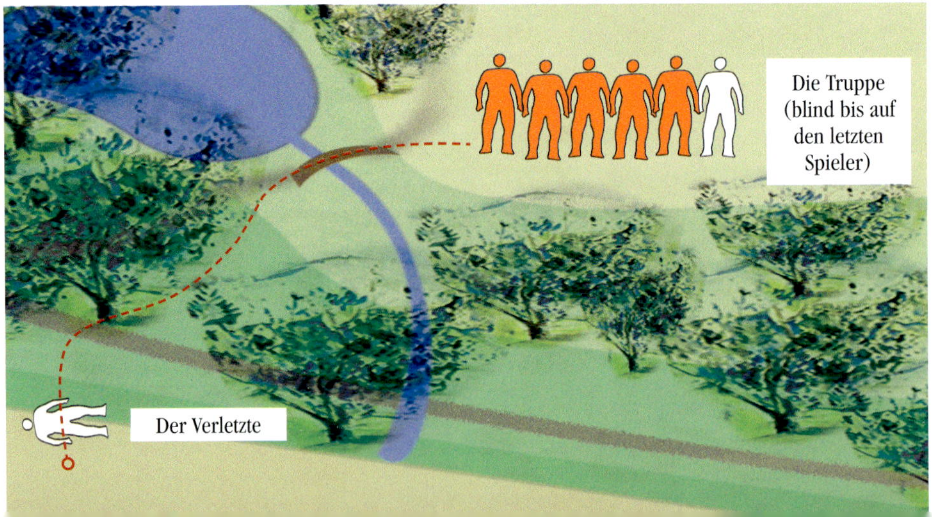

Varianten

1. «Nebel von Avalon» kann auf Zeit gespielt werden.
2. Es können mehrere Trupps gleichzeitig auf die Suche nach einem oder mehreren Verletzten geschickt werden.
3. Der Weg zum Liegenden kann mit Slaloms und Hindernissen versehen werden.
4. Alle Spieler sind blind, außer dem Verletzten; er lotst den Trupp zu sich.
5. *Das «Worst-Case-Szenario»:* Der Nebel hat sich über alle Spieler gesenkt, es sind alle blind; sogar der Schlussmann sieht die eigene Hand vor den Augen nicht mehr. Die einzige Hilfe ist, dass der Verletzte alle 30 Sekunden einen Schrei ausstoßen darf. Dadurch kann die blinde Raupe die Peilung zum verlorenen Teilnehmer hin aufnehmen.

- Für die Trupps gibt es Punkte für die Zeit und Punktabzüge für die Fehler im Parcours und die Berührungen des Liegenden.
- Die Trupps starten nacheinander; die Versuche der anderen dürfen mitverfolgt werden.
- Die Vorbereitungszeit besteht aus 10 Minuten Planungszeit und 5 Minuten praktischer «Testphase» (noch ohne einen liegenden Spieler).
- Ideale Größe für die Expeditionstrupps: 5 – 10 Spieler.
- Jede Truppe bestimmt aus ihren eigenen Reihen den Liegenden, der aber vom Spielleiter (geheim) platziert wird.

Odyssee

Material: viele Gegenstände als «Schätze», kleine Bälle (bzw. Teppichfliesen, Kartons o.Ä.), Augenbinden
Variante 1 – 3: Schnüre
Gelände: große Wiese
Variante 1 – 3: Wiese mit Bäumen
Gruppe: 6 – 12 Teilnehmer
Zeit: ca. 30 Minuten

Gemeinsam wird ein Wegstück mit zahlreichen Schätzen ausgelegt. Dazwischen liegen aber auch einzelne «Fallen» (kleine Bälle, Teppichfliesen oder Kartons), die nicht berührt werden dürfen. Es starten gleichzeitig zwei oder mehrere Tandems den Weg durch die Schatzstrecke (je nach Größe der Gesamtgruppe). Ein Spieler ist dabei der blinde Läufer, der andere Spieler versucht, vom Wegrand aus den Spieler lediglich durch Zurufe optimal zu steuern. Berührt ein Läufer eine Falle, muss er als Zeitstrafe die Fußsohle zehnmal mit der Hand bestreichen. Die gefundenen Schätze dagegen kann er sammeln und mitnehmen.
Ist ein Spieler im Ziel angelangt, werden sofort die Rollen gewechselt. Welches Tandem bzw. welche Gruppe bringt in der kürzesten Zeit die meisten Schätze durchs Ziel?

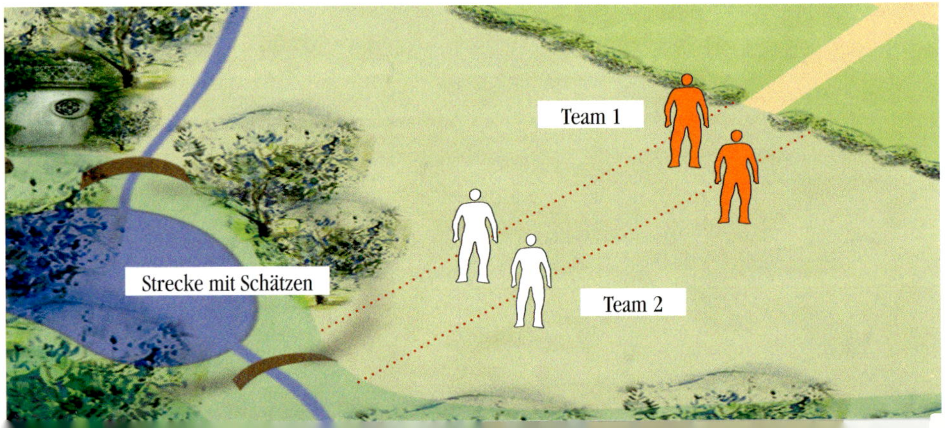

Varianten

1. *Irrgarten:* Die Schätze sind in einem großen Irrgarten versteckt. Er besteht aus vielen Schnüren, die zwischen den Bäumen angebracht sind. Die Schnüre dürfen dabei nicht überstiegen werden; sie sind als Mauer aufzufassen.
2. Alle Spieler befinden sich im Irrgarten und sind blind. Jeder begibt sich auf eine Odyssee und versucht, so schnell wie möglich den Irrgarten zu verlassen. Hat er es geschafft herauszukommen, wird ihm das vom Spielleiter signalisiert. Nun hat er die Alternative: von außen weiter zuzusehen oder blind in den Irrgarten zurückzukehren und anderen auf ihrer Odyssee zu helfen.
3. Nachdem ein Team den Irrgarten passiert hat, muss es zusätzlich einen Schatzplan des Irrgartens anfertigen.

- Die Schnüre am besten in Hüfthöhe anbringen.
- Der Irrgarten sollte aus vielen Wegen und Plätzen, aber auch aus zahlreichen Irrwegen und Sackgassen bestehen.

Nürburgring

Material: mehrere lange Seile oder Baustellenband, Augenbinden
Gelände: ebene Wiese mit Lauffläche, ca. 30 – 100 m lang
Variante 1 und 3: 400 m-Bahn
Gruppe: ab 6 Teilnehmern
Zeit: ca. 30 Minuten

Mehrere Teams sind gleichzeitig am Start am «Nürburgring». Jedes Team besteht aus einem «blinden» Piloten, einem Steuermann und einem Sicherheitsexperten. Die Rennbahn selbst ist ca. 1 m breit und an den Seitenbegrenzungen mit Seilen ausgelegt. Die Rennbahnen der einzelnen Teams verlaufen parallel zueinander im Abstand von ca. 1,5 – 2 m.

«Three, two, one, go!», ruft der Spielleiter. Der Steuermann lotst nun den blinden Rennfahrer durch die slalomartige Rennbahn, während der Sicherheitsmann darauf achtet, dass der Rennfahrer die Bahn nicht verlässt und es zu keinen Karambolagen kommt. Welches Rennteam ist zuerst am Ziel? Mit wie vielen Fehlern?

- Sämtliche Stolperfallen vor dem Lauf beseitigen.
- Klare Regen vereinbaren. Was geschieht, wenn ein Läufer aus der Bahn läuft? Muss er dann aufhören zu laufen, oder darf er an dieser Stelle weiterlaufen?

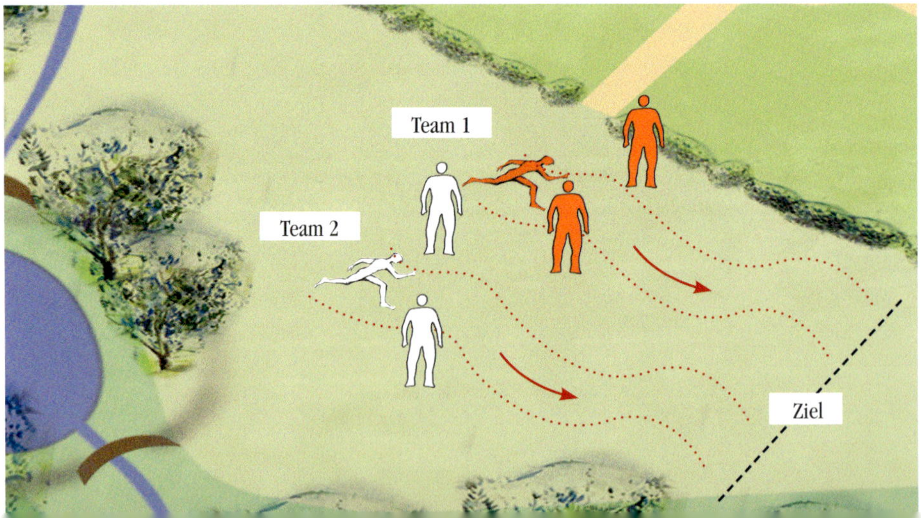

Varianten

1. Statt mit Baustellenband auf einer Wiese kann das Spiel auch auf einer 400m-Bahn in einem Sportstadion durchgeführt werden.
2. Der Rennfahrer kann nicht nur durch Zurufen, sondern auch durch Körperkontakt (z.B. mit der Hand auf dem Rücken) gesteuert werden.
3. *Handicap-Rennen:* Jedes Rennteam (z.B. auf einer 400 m-Bahn) besteht aus mehreren Piloten, die alle mit einem «Handicap» ins Rennen gehen:
   - Pilot 1 darf nur blind laufen,
   - Pilot 2 hüpft auf einem Bein,
   - Pilot 3 läuft auf allen vieren,
   - Pilot 4 läuft nur rückwärts,
   - Pilot 5 darf nur gehen.

   Der Steuermann ist für die Sicherheit und das Lotsen zuständig.
   Die Rollen dürfen untereinander jederzeit getauscht werden. Jeder Spieler muss vor dem Ziel sämtliche Rollen übernommen haben.
   Welches Team hat die beste Strategie und ist am schnellsten am Ziel?

Crashtest

Material: Augenbinden
Variante 3: Bettdecken, Gummiseile, Polster o.Ä.
Gelände: ebene Wiese mit Lauffläche, mind. 30 m lang
Gruppe: ab 7 Teilnehmern
Zeit: ca. 45 Minuten
Alter: ab 14 Jahren

Auch für Spielprofis eine recht knifflige und sensible Aufgabenstellung: Wie kann ein blinder Läufer in vollem Lauf kurz vor einer (imaginären) «Wand» gestoppt werden, ohne dass er von sich aus (willentlich) bremst oder das Tempo drosselt?
Der «blinde» Läufer (Augenbinde) startet auf einer ebenen Wiese in ca. 30 m Entfernung und nimmt volle Fahrt auf. Das Team heckt vorher einen Plan aus, wie der Läufer am besten, sichersten, schnellsten und sanftesten gestoppt werden kann. Es dürfen keine Hilfsmittel oder Gegenstände (Seile usw.) benutzt werden. Jedes Team hat drei Versuche. Welches Team zeigt die beste Methode?

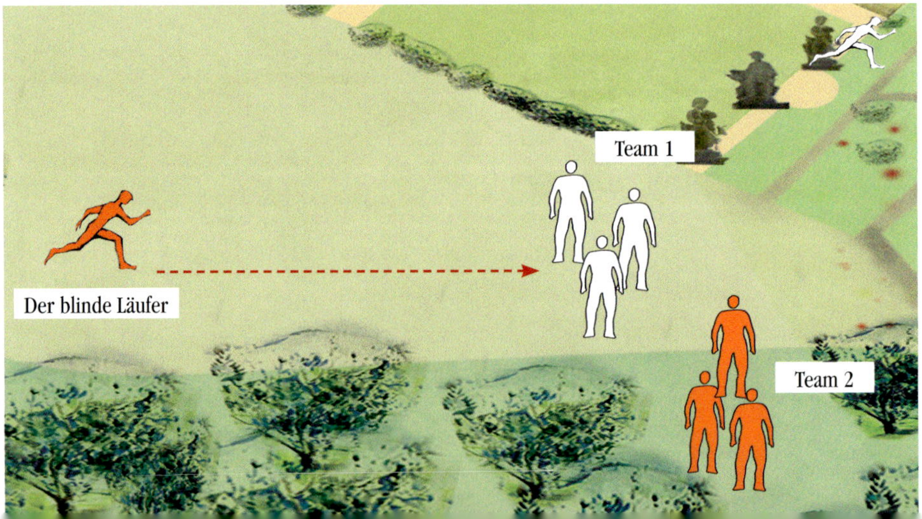

Varianten

1. Der blinde Läufer entwickelt zusammen mit dem Team die Methoden des Stoppens. Oder er wird vorher darüber aufgeklärt, was ihn erwarten wird.
2. Der Crashtest-Läufer ist dieses Mal nicht blind! Naturgemäß wird er jetzt mit deutlich höherem Tempo angerast kommen. Für diese Variante braucht es ein verbessertes Sicherungssystem mit einer höheren Anzahl von Stoppern.
3. Statt mit den Händen darf der Läufer nur mit Gegenständen berührt und gestoppt werden. Das Team organisiert sich selbst die Hilfsmittel: Bettdecken, Gummiseile, Polster o.Ä.

- Der Spielleiter wird vor jedem Lauf über die Methoden des Stoppens informiert. Unsicheren Methoden darf er den Riegel vorschieben.
- Mögliche Wertungskriterien:
  - Zeit von Start bis Stopp
  - «Bremsstrecke»
  - Sicherheit
  - Originalität
  - Weichheit …
- Probeläufe sind erlaubt. Die Methode kann so bei immer höherem Tempo gestestet und optimiert werden.

Gordischer Knoten

Material: Augenbinden
Varianten 1 – 3: 1 langes Seil
Variante 4: 2 m langes Seil
Gelände: kleine Wiese; auch in einem Raum spielbar
Gruppe: 7– 12 Teilnehmer pro Team
Zeit: ca. 30 Minuten

Eine Gruppe von Spielern steht dicht beisammen im Kreis, jeder streckt die Arme nach vorne aus und gibt einem anderen aufs Geratewohl die Hände; auf diese Weise ist die ganze Gruppe miteinander «verknotet». Jetzt heißt es «entknoten», aber ohne dass irgendjemand irgendwann die gefasste Hand loslassen würde. Die Aufgabe ist gelöst, wenn sämtliche Spieler wieder im Kreis stehen und die (beim Verknoten erwischten) Hände gefasst halten.

- Beim Verknoten darf nicht die Hand des Nachbarn genommen werden. Und es dürfen die eigenen Hände bzw. Unterarme selbst nicht über Kreuz gereicht werden.
- Manchmal kommt es vor, dass sich eine geschlossene Binnengruppe miteinander verknotet. C'est la vie.

Varianten

1. Das Original: Die Gruppe steht im Kreis zusammen. Alle fassen mit beiden Händen vor sich ein Seil, das zu einem Ring zusammengeknüpft worden ist. Auf Los geht's los: Alle Spieler lassen einen gemeinsamen Knoten entstehen. Je mehr Windungen, Schlingen und Schleifen gemacht werden, desto diffiziler wird es, den Knoten wieder zu lösen. Die Pointe dabei: Die Hände müssen immer an derselben Stelle am Seil bleiben.
2. Alle Teilnehmer sind vom Moment des Verknotens an «blind» und bleiben es auch bis zum Schluss. Oder bis zu dem Moment, in dem die Gruppe aufgibt. Man kann diese Variante sowohl ohne Seil (s. Beschreibung links) als auch mit Seil (s. Variante 1) spielen.
3. Wie gehabt: Die Gruppe verknotet sich blind und bleibt dann auch blind. Der Erste nimmt die Augenbinde ab, steuert sehend (nur verbal) die Entknotung und zieht sich nach einer Minute wieder die Augenbinde über. Der Nächste folgt für genau eine Minute; das geht so lange, bis alle an der Reihe waren. Schafft es die Gruppe, den ganzen Knoten zu lösen, wenn der letzte Spieler die Augenbinde abnehmen darf? Auch hier: Diese Variante kann mit oder ohne Seil gespielt werden.
4. *Aus dem Handgelenk:* Ein Spieler bekommt ein ca. 2 m langes Seil um die Handgelenke gebunden. Der zweite Spieler bekommt das Seil um das erste Handgelenk, das Seil wird jetzt mit dem Seil von Spieler 1 verkettet und dann um das zweite Handgelenk von Spieler 2 gebunden (die Schlaufe hat «Luft» zum Handgelenk). Wie können die Spieler wieder voneinander gelöst werden?
5. *Knoten lösen:* Der Spielleiter hat zwei oder mehrere identisch verknotete Seile vorbereitet und auf den Boden gelegt. Die Teams stellen sich rings um den Knotenhaufen auf. «Alle Hände an die Seile! Fertig, los!» Jedes Team nimmt sich ein Seil. Welches Team hat den Knoten zuerst gelöst?

Orientierungsspiele

Seltsam, im Nebel zu wandern!
Leben ist Einsamsein.
Kein Mensch kennt den andern.
Jeder ist allein.

Hermann Hesse

Hinter den Orientierungsspielen steckt ein mächtiger Archetyp: das Urbild des Wanderers. Der Wanderer hat zwei Aufgaben: Er muss lernen, sich in der Welt zu orientieren, sich im Nebel zurecht zu finden. Aber muss auch lernen, das Wandern zu lieben. Er weiß: solange er wandert, solange er sich orientiert, kann er den Schatz finden. Doch er ahnt: er kann ihn am Ende nur allein finden. In sich. Orientierungsspiele sind Spiele für den «Wanderer» in uns.

Parkuring

Material: Karte, Kompass, Geländeplan, Stifte, Handy
Variante 2: Kletterseile, Gurte, Helme
Gelände: weitläufig und abwechslungsreich, mind. 500 m lang
Gruppe: ab 6 Teilnehmern
Zeit: ca. 90 Minuten

Bei diesem Spiel gilt es, eine vorher festgelegte Strecke so exakt und linear wie möglich abzugehen. Der genaue Verlauf der Route wird mit einem feinen Bleistift und einem Lineal auf einem Geländeplan aufgezeichnet. Das Team bekommt Karte, Kompass und den Geländeplan mit auf den Weg, weiter nichts. Natürlich kann die Route auch über Mauern, Bäche, Hütten usw. führen.

Die Regel besagt, dass Abweichungen vom eingezeichneten Weg in einer Breite von 1 m erlaubt sind, größere Abweichungen jedoch zu Punktabzügen führen. Hat das Team innerhalb einer Stunde die Route bewältigt, erhält sie die begehrte Trophäe.

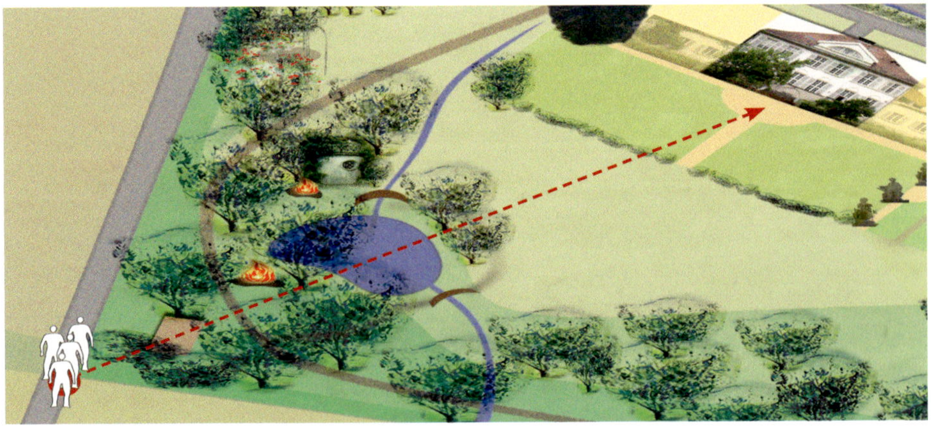

Varianten

1. Zwei oder mehrere Teams sind am Start. Die Route für beide Mannschaften wird von einem Spieler der jeweils anderen Mannschaft mit verbundenen Augen in den Geländeplan gezeichnet.
2. Das Team erhält für mögliche Kletterpartien auch Seile, Gurte und Helme mit auf den Weg.
3. Als Mix mit dem olympischen «Orientierungslauf»: Der beschriebene «Linienlauf» wechselt mit einem Orientierungslauf, dem Finden von Posten bzw. Schätzen, ab. In der Nähe der eingezeichneten linearen Route sind also kleine Schätze versteckt, die auf der Karte eingezeichnet sind. Um sie einzusammeln, darf die gerade Strecke verlassen werden. Nachdem ein Schatz gefunden wurde, muss der ausgeschwärmte Läufer wieder genau an derselben Stelle in die lineare Route einsteigen.

- Die Idee ist dem heute in Großstädten populär gewordenen «Parcouring» entnommen. Ihr Schauplatz sind aber «Parks», Wiesen, Wälder, Berge, Flüsse und schöne Landschaften.
- Der «Kick» an dem Spiel ist umso höher, je abwechslungsreicher die Route gelegt wird.
- Durch eine Zeitvorgabe gewinnt das Spiel an Dynamik; ein Schiedsrichter begleitet das Team.

Öko-Memory

Material: viele verschiedene Naturgegenstände, 2 – 4 Tücher
Gelände: ein Stück Natur mit vielen Pflanzen, mind. 50 m² groß
Gruppe: ab 7 Teilnehmern
Zeit: ca. 30 Minuten

Unter einem Tuch befinden sich markante und interessante Naturgegenstände: schöne Blumen, auffallende Blätter, Früchte, Nüsse, Steine, Federn usw.

Der Spielleiter bittet die Spieler, sich rings um das Tuch zu versammeln. Sobald er es gelüftet hat und das Ensemble der Gegenstände zum Vorschein kommt, hat die Gruppe 1 Minute Zeit, sich alles genau einzuprägen, dann werden die Gegenstände wieder abgedeckt. Innerhalb von 15 Minuten muss auf ein Tuch daneben ein Ensemble aus Blumen, Blättern usw. gelegt werden, das dem ersten möglichst exakt gleicht. Der spannende Moment kommt, wenn der Spielleiter nach gelöster Aufgabe das Tuch wieder vom «Original» zieht. Wie viele Gegenstände konnte die Gruppe finden und richtig platzieren, wie viele fehlen oder sind falsch?

Varianten

1. Zwei oder mehrere Teams legen sich gegenseitig das Öko-Memory. Team A sucht sich also 20 Naturgegenstände, die es unter einem Tuch versteckt, ebenso macht es Team B. Wenn das Tuch gehoben wird, stehen die beiden Mannschaften jeweils vor dem Memory des anderen Teams. Dann werden die zwei Memorys wieder zugedeckt, und die beiden Teams legen das Memory der jeweils anderen Mannschaft. Für jeden wiedergefundenen Gegenstand gibt es einen Punkt; wenn der Gegenstand dazu noch richtig benannt werden kann, einen zusätzlichen Punkt. Aber nur, wenn z.B. die zufällig gefundene Elsterfeder auch von der Findergruppe selbst gewusst wird, darf sie sich diesen Punkt holen.
2. Das Tuch wird abgenommen und bleibt ständig aufgedeckt. Dafür befinden sich jetzt wesentlich mehr Naturgegenstände darunter, und die vorgegebene Zeit ist deutlich länger. Dafür müssen jetzt aber alle Spieler alle Pflanzen kennen. (Der Spielleiter dreht eine Flasche; derjenige, auf den sie zeigt, muss die Pflanze benennen.)

- Der Erfolg der Gruppe entscheidet sich mit der Taktik, wer sich in der Minute des Aufdeckens welche Gegenstände merkt. Überlegt sich das Team keine Taktik, wie es die Aufmerksamkeit auf die verschiedenen Pflanzen verteilt, wird es überrascht sein, wie schnell das Tuch wieder oben ist und wie wenig man sich merken konnte.
- Die Menge und die Art der Gegenstände kann gut auf die Naturkompetenz der jeweiligen Gruppe abgestimmt werden. Wenn wir das Naturmemory mit Kindern spielen, werden wir Gänseblümchen, Löwenzahn und Eichenblätter unter das Tuch legen; haben wir es aber mit Biologiestudenten zu tun, darf es ruhig auch eine exotische Ilex aquifolia sein …
- «Öko-Memory» kann als Spiel ein idealer Einstieg in eine botanische oder biologische Vertiefung sein.

Zum Waldkönig

Material: 1 Karte, 1 Kompass, 1 großes Papier, Wachsstifte, Musikinstrumente, Walkie-Talkies (bzw. Funkgeräte oder Handys)
Gelände: ein reizvolles Stück Natur mit einem schönen, ca. 5 km langen Weg
Gruppe: ab 7 Teilnehmern
Zeit: ab ca. 120 Minuten

Task-Force für ein «Spitzenteam»: Hier ist eine Wanderkarte, da ist der Zielpunkt eingezeichnet («das Häuschen des Waldkönigs»), etwa 5 km von uns aus entfernt. Macht euch schleunigst auf den Weg, findet das Häuschen innerhalb von zwei Stunden. Doch denkt daran: Ohne Geschenke wird euch der Waldkönig nicht einlassen. Auf dem Weg solltet ihr euch also noch allerhand einfallen lassen: Er wünscht sich ein Ständchen (die Gruppe muss ein Lied umtexten und mit Gitarre begleiten), ein Gedicht (möglichst selbst verfasst), ein kleines Menü aus der Natur (z.B. mit Früchten, Pilzen, Kräutern, Kürbissen), ein schönes Gemälde, die Antwort auf das Rätsel usw.!
Zur Orientierung noch ein Kompass – und nun viel Glück auf dem Weg!

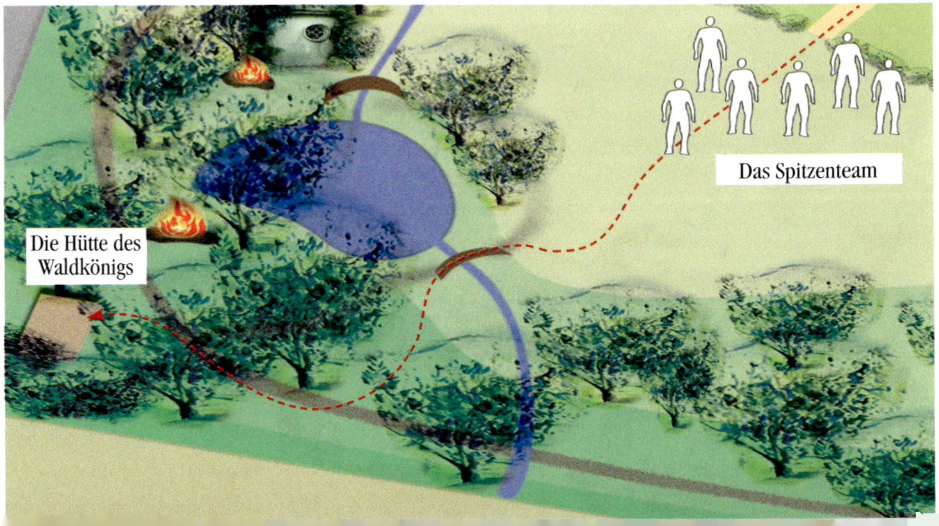

Variante

Der «Waldkönig» kann in eine Stadt verlagert werden. Als «City Bound» und «Stadt-Hike» können hier zahlreiche kreative Ideen auf die Verhältnisse in einer Stadt projiziert werden. Vor allem kann man hierbei die verschiedenen Möglichkeiten einbeziehen, mit Menschen aus der betreffenden Stadt in Kontakt kommen oder die sozialen Milieus der Stadt erkunden usw.

- Damit das Team die Aufgaben bewältigen kann, sollten einzelne Untergruppen gebildet werden. Die eine Gruppe streunt hierhin aus, die andere dorthin. Mit Handys können die Untergruppen zwecks Abstimmung und Zeitplanung in Kontakt miteinander bleiben.
- «Waldkönig» ist ein fantastisches Spiel, um Natur und Kunst miteinander in Einklang zu bringen. Vielleicht hat das Team am Ende noch die Muße, eine pfiffige Präsentation zu zeigen?
- Die Aufgaben für unterwegs können ganz spezifisch auf die jeweilige Gruppe abgestimmt werden.

EOS-Caching

Material: 1 Navi, 1 Wanderkarte, Fahrzeuge aller Art
Gelände: abenteuerliches Gelände mit einem originellen Versteck, mind. 5 km² groß
Gruppe: 6 – 12 Teilnehmer
Zeit: ca. 120 Minuten

«Geo-Caching» war gestern – bei «EOS-Caching» geht es um mehr als eine gewöhnliche Schatzsuche. Denn es ist nicht ein Einzelkämpfer unterwegs, sondern ein ganzes Team muss den Schatz finden. Und unterwegs darf niemand weiter ausschwärmen als bis in Sicht- oder Rufweite der Gesamtgruppe. Außerdem gilt als ehrenhaft, mit möglichst vielen Fortbewegungsmitteln unterwegs zu sein. Boote, Inliner, Skates, Cityroller, Rollschuhe (im Winter: Schlittschuhe, Schneeschuhe, Langlaufskier), Stelzen, Dreiräder, Einräder und Fahrräder aller Art sind erwünscht. Außer motorisierten Fahrzeugen ist alles erlaubt, was hilft. Das Navi, das die Gruppe bekommt, kann ihr bei der Orientierung eine verlässliche Hilfe sein.

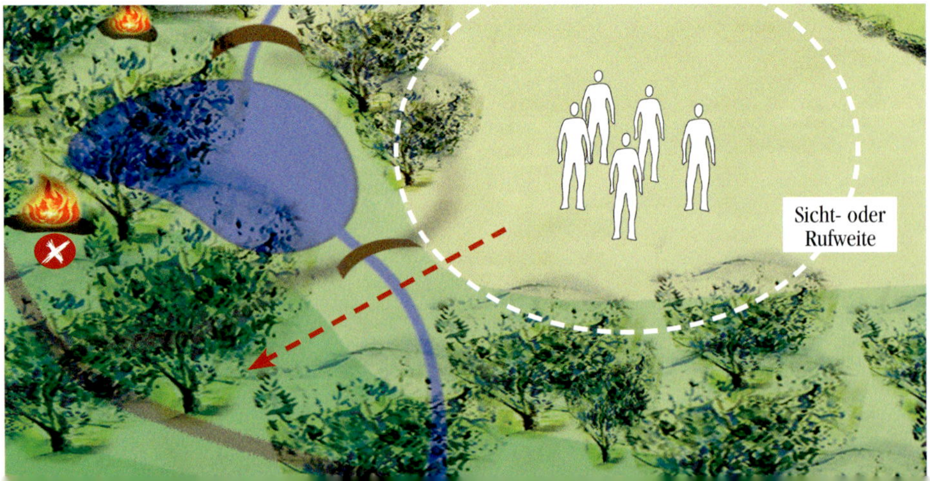

Varianten

1. Mehrere Teams sind am Start. In die Wertung fallen folgende Kriterien:
   - Wurde der Schatz gefunden?
   - In welcher Zeit?
   - Wie viele Fortbewegungsmittel wurden genutzt (doppelte Punkte, falls von allen genutzt)?
   - Wie viele Fehler wurden gemacht?
2. Der Weg ist das Ziel: Es sind mehrere Schatzkarten aufzufinden, die jeweils den Standort der nächsten Schatzkarte anzeigen. Erst ganz am Ende werden die Koordinaten des großen Schatzes preisgegeben. Oder die Schatzkarte mit dem Lageplan kann erst durch eine Bewährungsprobe (ein Abenteuerspiel) erworben werden.

- Je abwechslungsreicher das Gelände, desto besser: ein Fluss, ein Teich, ein See mit Booten, eine Rennstrecke, die man mit Rädern befahren kann …
- Die Originalität, mit der der Schatz versteckt ist, gibt dem Spiel einen besonderen Charme (z.B. auf einem Vogelhäuschen, auf einer Insel in einem Teich). Das Versteck solle so gewählt werden, dass es z.B. aus 5 m Entfernung mit bloßem Auge zu sehen ist.

Geländespiele

«Der wahrhaft Weise muss ab und zu die gespannte Schärfe seines Geistes lockern, und eben das geschieht durch spielerisches Tun und Denken.»

Thomas von Aquin

Spielfieber pur: zu den Geländespielen gehören Jagen und Fangen, das Bergen, Suchen, Sich-Anschleichen, Überfallen, Erbeuten, Retten und Opfern, Sich-Tarnen, Auflauern, Flüchten usw. Geländespiele sind aufgeladen mit vielen alten, archaischen Kräften. Wer sie spielt, hat die Chance, sich von diesen Kräften zu befreien; wer sie nicht spielt, wird oft Spielball seiner Triebe. Er wird später jagen, fangen, bergen, suchen ...

Spitzeljagd

Material: je nach eingesetzten Spielen, 1 Ball, Walkie-Talkies, evtl. Sägemehl
Gelände: ein vielfältiges Waldstück, mind. 5 km²
Gruppe: ab 7 Teilnehmern
Zeit: mind. 120 Minuten

Zunächst die Ausgangsform des Spiels, die «Schnitzeljagd»: Sie ist ein Klassiker der Geländespiele, trotzdem sehr anspruchsvoll. Die Grundidee ist bestechend einfach, die fantasievolle Ausgestaltung jedoch entscheidend.
Zunächst teilt sich die Gruppe auf in einen deutlich kleineren Vortrupp und in die Fänger. Der Vortrupp bekommt 15 Minuten Vorsprung, bevor die Fänger ihre Hatz auf ihn beginnen dürfen. Die Gejagten suchen zunächst das Weite im Unterholz, doch haben sie zuvor zugesichert, dass sie fleißig Wegzeichen legen werden. Die Fänger gehen also eifrig auf Spurensuche. Sobald der Vortrupp eingeholt wurde, kommt das fulminante Ende: ein Raufballspiel, bei dem der Vortrupp versucht, einen Ball, dem die Fänger nachjagen, gegen deren Übermacht in einem Kreis abzulegen.
«Spitzeljagd» ist die «De-luxe-Version» der Schnitzeljagd! Jetzt müssen Spitzel (bzw. Doppelagenten oder Kollaborateure) gejagt werden. Die Spitzel (der Vortrupp) stehen aber mit einem Spitzel aus dem Trupp der Fänger in Funkkontakt, was dem Spiel einen unvorstellbaren Drive geben kann. Nun muss nichts mehr dem Zufall überlassen werden …
Das Spiel entwickelt den meisten Charme, wenn die Spitzel es sich zur (heimlichen) Aufgabe machen, den Fängern einen spannenden Nachmittag zu bieten. Dazu gehört, dass beide Gruppen sich immer wieder begegnen. Die Spitzel funken z.B.: «Hallo, Fänger, hört ihr uns? Hier eure uneinholbaren Spitzel! Wir schlagen vor, dass wir uns in fünf Minuten am Seeufer treffen. Dort werdet ihr schon sehen, dass die drei stärksten von euch es nicht schaffen, gegen uns drei im Tauziehen zu gewinnen, einverstanden!?»

Aufgabenbeispiele für Begegnungen:

1. «Tauziehen» ohne Tau, nur mit Griff um die Handgelenke
2. Der Trupp muss seine Spieler über ein Netz befördern und dabei gleichzeitig Gegenstände mitnehmen, auch den gejagten Ball (die «Goldkugel»).
3. *Waldhockey:* Mit dem Ball wird im Wald Hockey gespielt – natürlich nicht mit Schlägern, sondern mit Holzstöcken oder notfalls mit Ästen.
4. *Burgball:* Auf einer Tonne steht ein Sprudelkasten (oder ähnliche Konstruktionen). Die Trupps versuchen, ihn mit dem Ball abzuwerfen (außerhalb einer Wurfzone von 4 m).
5. *Meisterdieb:* Die Trupps stehen sich mit 6 – 10 m Abstand auf einer Linie gegenüber. Je ein Spieler beider Trupps läuft nach vorne. Beide versuchen, als Erster den Ball, der in der Mitte liegt, zu schnappen und hinter die eigene Linie zu bringen. Aber: Wer den Ball berührt, kann vom gegnerischen Spieler abgeschlagen werden. Die anderen warten hinter der Startlinie, bis sie an der Reihe sind. (Bei großen Gruppen können mehrere Paare gleichzeitig jeweils um einen Ball kämpfen.)
6. *Sockeln:* Je zwei Spieler der Trupps sind mit einem Seil verbunden und hocken auf einem Baumstamm. Wer kann den anderen mit Ziehen am Seil herunterholen?

➤ Grundregeln vorab vereinbaren: Der Vortrupp muss Spuren legen, z.B. an Kreuzungen, wenn er vom Weg abgeht usw. Die Wegzeichen müssen in ihrer Bedeutung vorher besprochen werden (Pfeile = Richtung; Striche = Meter, Kreis = Ende …).

Free Frisbee

Material: viele Frisbeescheiben
Variante 2: verschieden farbige Klebepunkte
Variante 3: Lebensbänder
Gelände: ein nicht sehr dicht mit Bäumen bestandenes Waldstück (mind. Fußballfeldgröße)
Gruppe: ab 7 Teilnehmern
Zeit: ca. 45 Minuten

Frisbee (bzw. Ultimate) einmal anders: nicht nur als Mannschaftsspiel, sondern mit noch mehr Kooperation und mit mehr Natur, nämlich mitten im Wald!
An einem Waldrand, auf einer Waldlichtung oder in einem nicht zu dichten Wald hat sich das Team eingefunden. Jeder Spieler ist Wächter über eine Frisbeescheibe, die er wie seinen Augapfel hüten muss. Denn in einer halben Stunde müssen die Frisbees den Weg in eine Waldhütte gefunden haben (oder an eine Feuerstelle, einen Hochstand o.Ä.). Doch im Wald gibt es Räuber! Sie haben alles spitzgekriegt und wollen nun so viele Frisbees wie möglich erbeuten. Mit einem Frisbee in der Hand sind nicht mehr als drei Schritte erlaubt, dann muss der betreffende Spieler stehen bleiben, rufen und warten, bis ein Freund in der Nähe ist, und diesem das Frisbee zuwerfen. Am Ende: «Elfmeterschießen» mit dem Frisbee auf die Hütte; die Räuber sind die Tormänner.

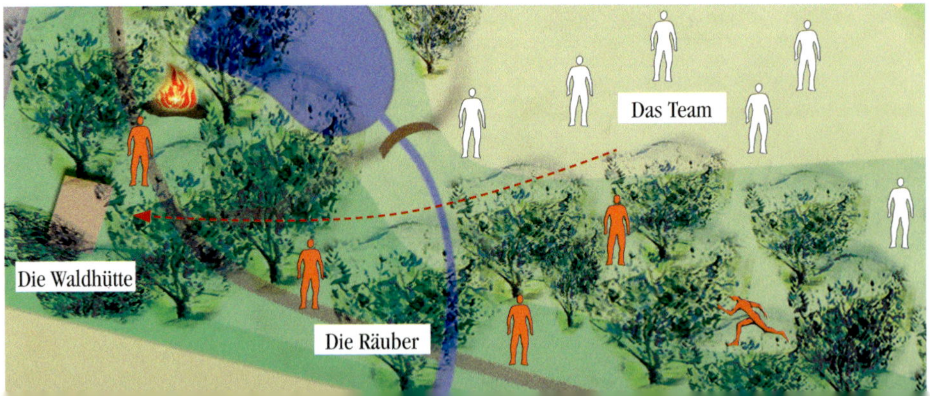

Varianten

1. Spiel auf Zeit: Wie lange braucht die Mannschaft, bis die erste Frisbeescheibe am Ziel ist?
2. Eine zusätzliche Regel: Jedes Frisbee muss durch die Hände aller Spieler gegangen sein. Nach jedem geglückten Fangen (direkt aus der Luft, keine Nahwürfe) darf der Spieler einen Klebepunkt auf das Frisbee kleben. Jeder Spieler hat ein Set von Klebepunkten mit seiner Farbe bei sich.
3. Jetzt wird es aufregend: Die Räuber können entweder die Frisbeescheiben klauen oder aber den Spielern ihre Lebensbänder (Parteibänder, hinten in die Hose gesteckt) entwenden. Erlaubt ist dies aber nur bei einem «Free», einem, der kein Frisbee in seiner Hand hält. So wird das Team sensibilisiert, wachsam zu verfolgen, welcher Spieler gerade angegriffen wird.

➤ Die Anzahl der Räuber ist abhängig von der Größe des Waldstücks: je größer, desto mehr Räuber sind erforderlich. In der Regel sind es aber stets mehr Spieler als Räuber.

Zeitbombe

Material: 1 beliebiger Gegenstand als «Bombe», 1 Wecker, der sehr genau einzustellen ist (z.B. 1 Handy-Wecker)
Gelände: großes Waldstück
Gruppe: 8 – 24 Teilnehmer
Zeit: ca. 45 Minuten

Ein Trupp von Saboteuren plant, eine Zeitbombe in einem Waldstück zu verstecken. Sie wissen aber, dass zur gleichen Zeit einige Agenten unterwegs sind, um dies zu verhindern. Deren Strategie ist es, die Saboteure permanent zu verfolgen, zu beschatten und wachsam alle ihre Aktivitäten zu bespitzeln. Vorsicht: Die Saboteure können Agenten, die sich zu nah heranwagen, abschlagen und «eliminieren» (sie sind dann eine Minute «versteinert», dürfen sich also so lange nicht bewegen).
Das Spiel ist gewonnen, wenn es den Agenten gelingt, vor Ablauf der Zeit die Bombe zu finden und zu entschärfen. Als Regel gilt, dass die Bombe von den Saboteuren frühestens eine Minute nach Spielbeginn versteckt und spätestens eine Minute vor Spielende (eine Minute, bevor der Wecker klingelt) gefunden werden muss.

Varianten

1. Ein Agent ist nur dann abgeschlagen, wenn er von mindestens zwei Saboteuren umkreist und gefangen wird: Sie halten ihn zwischen ihrem Ring aus vier (oder sechs usw.) Armen fest.
2. Das Spiel wird groß dimensioniert: Es dauert z.B. den ganzen Nachmittag, und es gibt keine Spielfeldbegrenzung. Natürlich haben die Saboteure mehrere Bomben zum Platzieren.
3. Bei Variante 2 können auch weitere Aufgaben hinzukommen: Die Saboteure müssen
   - einen wichtigen Gegenstand der Agenten rauben
   - eine zufällig ausgeloste Person der Agenten entführen
   - unbemerkt ein Baumhaus bauen …
4. Wenn drei Agenten einen Saboteur in einem Armring fangen, dürfen sie ihm drei Fragen stellen, die der Saboteur mit Ja oder Nein beantworten muss.

- ➤ Entscheidend ist bei diesem Spiel das Geschick der Agenten. Sind sie vorsichtig, aufmerksam und unauffällig genug, sodass sich die Saboteure fälschlicherweise in Sicherheit wiegen?
- ➤ Beide Mannschaften sollten gleich groß sein; sicherlich wollen die Saboteure beweisen, wie gut sie auch als Agenten sind (und umgekehrt).

Nibelungenschatz

Material: einige Seile zur Abgrenzung und Liniengebung, zahlreiche Gegenstände, die als «Schätze» dienen können
Variante 3: zusätzliche Fangseile
Gelände: Wiese, mind. 50 m² groß
Variante 2: großer Waldbereich
Gruppe: 6 – 24 Teilnehmer
Zeit: ca. 30 Minuten

Ein Spielfeld wird in zwei Hälften geteilt, in denen sich je eine Mannschaft aufhält. In beiden Feldern sind irgendwo (z.B.) sieben Kreise gelegt, in denen je sieben (Nibelungen-) Schätze liegen. Jetzt gilt es, möglichst viele Schätze aus dem Nachbarfeld (dem Nebelheim) zu erobern. Doch die Gegner schauen nicht tatenlos zu, sondern versuchen, die Eindringlinge abzuschlagen. Wer abgeschlagen wurde, muss unverzüglich ins eigene Feld zurück; führt er einen geraubten Schatz mit sich, muss er ihn dem Fänger abgeben. Nur im eigenen Feld ist man vor dem Gegner sicher.
Alle erbeuteten Schätze werden in eine (Nibelungen-)Burg an der Grundlinie des Feldes abgegeben. Wenn die Zeit abgelaufen ist, wird gezählt: Welche Mannschaft hat mehr Schätze erobert? Vielleicht ist es aber auch einer Mannschaft vor Ablauf der Zeit gelungen, sämtliche Schätze der anderen Mannschaft an sich zu reißen?

Varianten

1. Wer im Feld der Gegner abgeschlagen wurde, muss ins Gefängnis. Es ist am Rand des Spielfelds aufgebaut. Gefangene können einzeln wieder befreit werden, wenn sie durch einen Mitspieler abgeschlagen werden (nach dem Prinzip «Räuber und Gendarm»).
2. «Nibelungenschatz» wird zu einem richtigen Abenteuerspiel, wenn das Spielfeld in ein riesiges Waldstück verlegt. Es wird jetzt so lange gespielt, bis die Schätze ausgegangen sind. In dieser Version ähnelt es dem bekannten Geländespiel «Fahnenraub».
3. Sind die Mannschaften ziemlich groß, können zusätzliche «Fangkommandos» eingerichtet werden: Zwei Spieler tragen gemeinsam ein Seil und gehen damit auf Jagd. Wenn Sie es schaffen, ihr Seil (das sie nie loslassen dürfen) um einen Gegner zu werfen (sodass er nicht mehr entweichen kann), ist er gefangen und muss ins Gefängnis (siehe Foto rechts unten).

- Es empfiehlt sich, zwischen den Feldern eine klare Mittellinie zu ziehen (z.B. mit einem Seil auslegen). Auch die Kreise mit den Schätzen sollten klar abgegrenzt sein (Seilkreise).
- Das Spiel kann man einfach beginnen und nach und nach komplexer gestalten.

Der Kaiser ruft

Material: Parteibänder für jeden Spieler in 2 Farben, 1 Trillerpfeife
Gelände: große Wiese oder lichtes Waldstück, das zum Laufen gut geeignet ist
Gruppe: 10 – 30 Teilnehmer
Zeit: ca. 90 Minuten

Im Spielfeld gibt es zwei Mannschaften; jeder Spieler trägt ein Parteiband und ein Lebensband (hinten am Gürtel eingesteckt). Unter ihnen befindet sich auf jeder Seite auch ein König (sie haben jeweils zwei gekreuzte Parteibänder um); schließlich gibt es noch den Kaiser (einen Spielleiter für beide Teams) mit einer Pfeife.
Die Spieler der Mannschaften versuchen, den gegnerischen Spielern ihr Lebensband zu entwenden und ihr eigenes Lebensband heil dem Kaiser zu überbringen. Dieser wandert jedoch möglichst unauffällig umher, sodass seine Position schwer auszumachen ist. Um auffindbar zu sein, gibt er jede Minute ein lautes Signal mit seiner Pfeife.
Hat z.B. ein roter Ritter einem blauen Ritter das Lebensband abgenommen, ist dieser

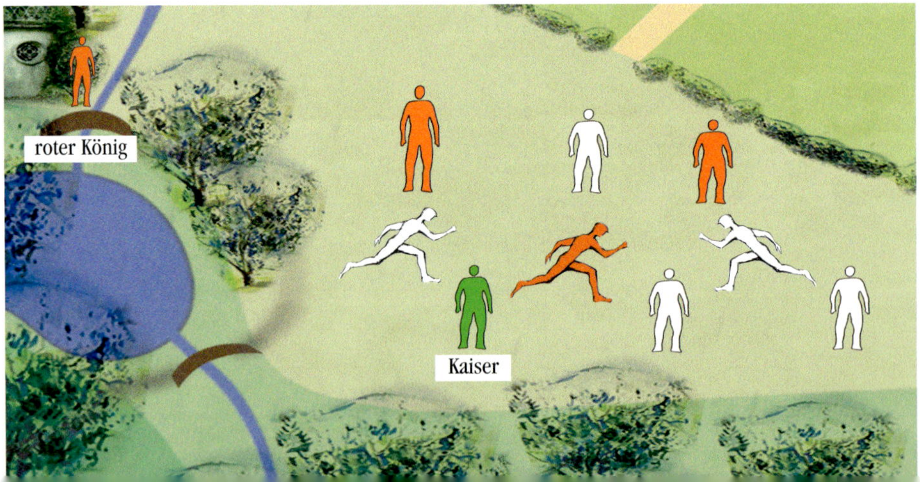

so lange kampfunfähig, bis er sich beim Kaiser ein neues Lebensband geholt hat. Die erbeuteten Lebensbänder können bis Spielende behalten und als Reserveband verwendet werden, wenn das eigene Band weggenommen wurde, oder sie dürfen dem Kaiser gebracht werden.

Wenn ein König sein Lebensband dem Kaiser abliefert, kann er mit einem normalen Parteiband und einem Lebensband als normaler Ritter der eigenen Partei weitermachen.

Nach einer festgelegten Zeit (z.B. eine Stunde) ist das Spiel zu Ende, und es werden die Punkte gezählt:

1 erbeutetes Lebensband = 1 Punkt

1 Punkt = Der König besitzt noch sein eigenes Band, oder das erbeutete fremde Königsband wurde vor Spielende nicht beim Kaiser abgeliefert. Die Bänder der Spieler, die er bei sich trägt oder dem Kaiser abgeliefert hat, zählen einzeln.

3 Punkte = Das fremde Königsband wurde vor Spielende beim Kaiser abgegeben.

Drei feindliche Stämme

Material: pro Spieler 1 Lebensband, pro Stamm 3 «Totems» (z.B. Puppen), mehrere Seile oder Zeltplanen
Gelände: lichtes Waldstück, ca. 500 m² groß
Gruppe: 12 – 36 Teilnehmer
Zeit: ca. 30 Minuten

In einem Waldstück teilen sich drei Indianerstämme ihre Reviere. Jeder Stamm ist auf die Totems (kostbare Gegenstände) der anderen Stämme aus. So hat jeder Stamm seine drei Totems vorsorglich in einem bewachten Totemzelt aufbewahrt (ein Platz mit mindestens 3 m Durchmesser, der aus Zeltplanen oder Seilen besteht). Auf ein Kommando des Spielleiters (des Oberhäuptlings) schwärmen alle Spieler aus – sie sind mit einem Lebensband versehen, das hinten lose am Gürtel eingesteckt ist – und versuchen, ungeschoren zu einem der benachbarten Totemzelte zu kommen und dort ein Totem zu erbeuten. Wer dabei von einem anderen Indianer erwischt wird, kann angegriffen werden. Der Indianer, der dabei sein Lebensband verliert, muss ins eigene Lager zurück.
Welcher Stamm hat nach der vereinbarten Zeit die meisten Totems ins eigene Lager gebracht?

Varianten

1. Gefangene können nur gemeinsam gemacht werden. Dazu müssen sich mindestens drei Spieler zusammentun. Wenn es den dreien gelingt, einen Gegenspieler einzukreisen und blitzschnell einen Ring um ihn zu ziehen (indem sich alle drei an den Händen halten), ist «ihr Indianer» gefangen.
   Erlöst werden kann der in die Enge getriebene Indianer, indem er mit seinem Stammesruf einen Freund herbeiruft. Sobald beide sich an den Händen fassen, sind sie nicht mehr gefangen zu nehmen. Wird aber ein unglücklicher Indianer gefangen genommen, muss er so lange auf seinem Platz stehen bleiben, bis ihn ein Stammesfreund durch Berührung erlöst. Diese Version erfordert deutlich mehr Kooperation und Absprache.
2. Wer Variante 1 schon beherrscht, kann auch Bälle einsetzen. Alle Indianer, die in Ballbesitz sind, können nicht gefangen werden. Die Spieler müssen jetzt sehr gut auf sich achten, um den Bedrohten einen der drei Bälle rechtzeitig zuzuspielen.

➤ «Drei feindliche Stämme» ist für eine Gruppe eine echte Herausforderung. Sinnvoll ist es, wenn die Teilnehmer davor die einfacheren Spiele wie «Nibelungenschatz» (S. 186 f.), «Der Kaiser ruft» (S. 188 f.) – oder mindestens «Räuber und Gendarm» – ausgiebig gespielt haben.

Waldschach

Material: Parteibänder für 2 Mannschaften, 2 Decks gleicher Spielkarten (Schafkopf, Skat etc.; oder stattdessen Karten mit Wissensfragen), 2 Fahnen
Gelände: sehr weitläufig und abwechslungsreich
Gruppe: 10 – 30 Teilnehmer
Zeit: ca. 60 Minuten

Zwei Mannschaften haben es auf die Fahne der jeweils anderen Mannschaft abgesehen. Die Fahnen sind in der Mitte eines Burgfrieds (Seilkreis mit 20 m Durchmesser) an den beiden Enden des Spielfelds aufgestellt.
Im Burgfried selbst darf sich kein Spieler der eigenen Mannschaft befinden – mit Ausnahme des eigenen Großmeisters. Gelingt es einer Mannschaft, dass beide Fahnen im eigenen Burgfried sind, hat sie gewonnen.
Das Spiel beginnt, indem der Großmeister am Rand des Burgfrieds seinen Spielern aus seinem Kartenspiel je eine Karte übergibt. Mit der Karte in der Tasche setzen die Spieler nun alles daran, in den gegnerischen Burgfried einzudringen, die Fahne zu erobern und ins eigene Lager zu befördern. Aber gleichzeitig müssen sie auch das eigene Lager und die eigene Fahne verteidigen.

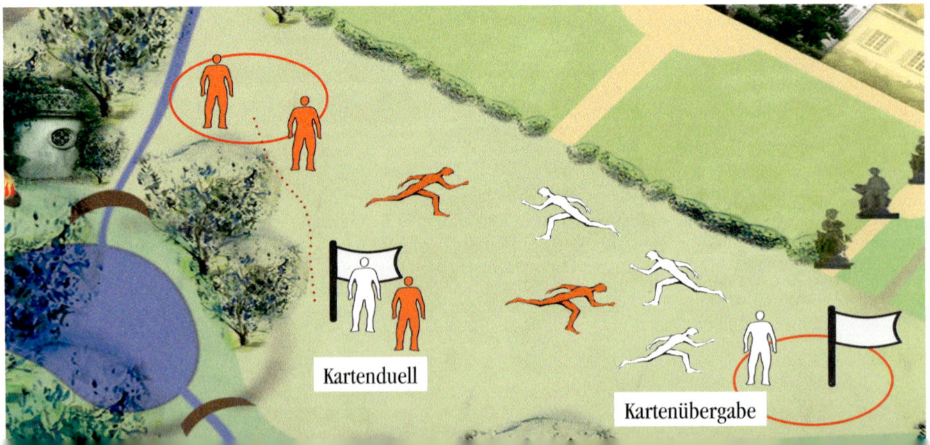

Berührt ein Spieler einen gegnerischen Spieler, muss dieser stehen bleiben und sich einem «Kartenduell» stellen: Beide zeigen ihre Karte, und wer die höhere Karte hat, darf die des anderen einheimsen und weiterlaufen. Der andere muss zum Großmeister zurücklaufen und sich eine neue Karte holen. Sind die zwei Karten gleichwertig, müssen beide Spieler eine neue Karte holen.
Wenn ein Spieler mit erbeuteter Fahne im Kartenduell unterliegt, muss er die Fahne an seinen Gegner abgeben. Bei gleichwertigen Karten bleibt die Fahne bei der Heimmannschaft.

➤ Wer Erlebnis und Bildung stärker miteinander verbinden will: Statt Spielkarten können auch Karten mit Wissensfragen eingesetzt werden. Wird die Frage vom betreffenden Spieler richtig beantwortet, kann er die Karte einheimsen.

Nachtspiele

Es war, als hätt' der Himmel
Die Erde still geküsst,
Dass sie im Blütenschimmer
Von ihm nun träumen müsst.

Und meine Seele spannte
Weit ihre Flügel aus,
Flog durch die stillen Lande,
Als flöge sie nach Haus.

Josef von Eichendorff

Gute Nachtspiele sind wie gelebte Träume. In der Nacht tauchen wir ins Reich der Schatten, des Unterbewusstseins und der Träume ein. In Nachtspielen können sich Träume manifestieren. Sie helfen daher auch, über den im Spiel offenbarten Traum der Seele Flügel zu geben. Um damit nach Hause, in die geistige Welt, fliegen zu können. Gute Nachtspiele sind dementsprechend mit Wirklichkeit ausgekleidete Wahrträume. Schlechte Nachtspiele dagegen wecken die Gespenster und Dämonen der Albträume auf.

domyos

Shamballah

Material: zahlreiche Seile, Parteibänder, 12 Schätze (z.B. Hütchen, Bälle, Teddybären, Puppen oder brennende Kerzen)
Variante 2: Taschenlampen
Gelände: lichtes Waldstück (ca. 20 x 50 m)
Gruppe: 7 – 20 Teilnehmer
Zeit: ca. 60 Minuten

Das geheimnisvolle Land Shamballah ist nur von wenigen auserwählten Menschen gefunden worden. Dort sind seit Urzeiten zwölf Schätze verborgen. Nur nachts besteht die Chance, das Land zu finden. Zudem befinden sich die Schätze in einem Gebiet, das von einem heillosen Gewirr aus Seilen durchzogen ist. Berührt einer der Helden, die ins Land Shamballah losgezogen sind, ein Seil (oder ein am Seil hängendes Parteiband), wird er sofort versteinert (und stumm). Er muss warten, bis ihn der nächste Held findet und mit einer Berührung erlöst.
Sobald der erste Held Shamballah betritt, werden dort die beiden Wächter (am anderen Ende des Feldes, ca. 50 m entfernt) geweckt. Sie setzen alles daran, die Eindringlinge zu erwischen und aus dem Land zu verjagen (abzuschlagen). Zum Glück können sich die alten Wächter nur im «Füßelgang» fortbewegen (Ferse an Fußspitze setzend). Schafft es die Gruppe, sämtliche Schätze in einer Stunde aus dem Land zu holen?

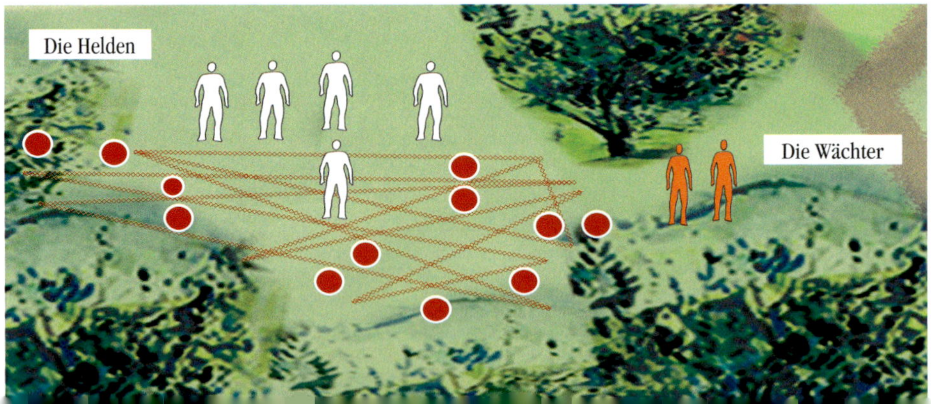

Varianten

1. Es können zwei oder mehrere Spieler gleichzeitig nach Shamballah ziehen; höchstens fünf Spieler dürfen aber im Land sein.
2. Die beiden Wächter sind «blind» und stehen an strategisch günstigen Punkten im Land Shamballah. Wenn sie einen Spieler sich anschleichen hören, dürfen sie mit der Taschenlampe kurz aufleuchten. Wird der Spieler von dem Lichtstrahl getroffen, muss er versteinert stehen bleiben. Jeder Wächter darf nur zwölfmal aufleuchten. Ob ein Spieler von einem Strahl getroffen wurde, entscheidet der Spielleiter.
2. Es gibt zwei Mannschaften. Sie bauen sich gegenseitig das Land Shamballah mit dem Netzgewirr auf und platzieren ihre Schätze. Anschließend positioniert Mannschaft A die Spieler der Mannschaft B als Wächter ins Spielfeld, bevor sie von einer Seite her beginnt, auf Schatzsuche zu gehen. Die postierten Wächter versuchen die Spieler der Mannschaft A abzuschlagen, dürfen aber nur drei Füßelschritte gehen. Nach 30 Minuten wird getauscht. Welche Mannschaft hat mehr Schätze?
3. *Nightline:* Zwei Mannschaften bauen sich gegenseitig einen möglichst interessanten Seilweg, an dem sich die Spieler der anderen Mannschaft entlangbewegen können. Zwar gibt es hier auch die Schatzsuche, aber keine Wächter. Ein Spieler nach dem anderen kann sein Glück versuchen.

➤ Je mehr Spieler, desto größer muss der Bereich sein, der abgesteckt ist.

Schlaraffenland

Material: alle Gegenstände für ein Picknick, Kleiderbügel, Tabletts, Scheren, Schnüre
Gelände: ein großer Baum mit ausladenden Ästen auf ca. 3 m Höhe
Gruppe: 7 – 12 Teilnehmer (pro Baum)
Zeit: ca. 30 Minuten

Ein Picknick der besonderen Art gefällig? Bitte sehr, ihr seid bei Abenddämmerung zu einer köstlichen Mahlzeit auf dem Mammutbaum im Schlaraffenland eingeladen. Die einzige Bedingung: Die Mahlzeit darf nicht in den Händen oder in der Kleidung mit auf den Baum genommen werden.
Die Speisen, Lebensmittel, Geschirr und Besteck müssen also vom Fuß des Baumes aus gemeinsam nach oben befördert werden. Als Gegenstände stehen der Gruppe zur Verfügung: mehrere Kleiderbügel, einige Schnüre, ein paar Tabletts und genügend Scheren – mehr nicht. Viel Glück und guten Appetit!

Varianten

1. Zur Erleichterung kann eine Gruppe auch einen «Kellner» am Boden stationieren. Er darf von unten her die Aktionen lotsen, aber nicht die Hände benutzen.
2. Bei diesem Spiel bietet sich die beste Gelegenheit, gleich ein Baumhaus mitzubauen. Dann schmeckt das Essen besonders lecker. Und je dunkler es geworden ist, umso kitzliger wird die Aufgabe, umso romantischer aber auch das Vesper. Kerzen nicht vergessen! Vorbild: Essen in einer Dunkelkammer.
3. Die Krönung ist aber, nach der Mahlzeit ein Lager oben im Baum einzurichten und sich dort für die Nacht zu betten …

➤ Das Essen in einem Baum ist ein unvergessliches Erlebnis. Es kann auch ein Höhepunkt bei besonderen, festlichen Anlässen sein, z.B. wenn man das Osterwasser holt: Die Gruppe steht vor Sonnenaufgang schweigend auf und sucht in der Nacht eine Quelle. Bei Sonnenaufgang (z.B. als Brauch am Ostersonntag) wird aus dieser Quelle geschöpft und reihum getrunken. Danach ein Baumfrühstück!?

Labyrinth

Material: Gegenstände, mit denen man das Labyrinth legen kann (Steine, Laub, Kerzen, Seile o.Ä.), Schnüre als Konstruktionshilfen, evtl. Stifte, Papier, Zirkel
Variante 1: Sternwerfer, Kerzen in bunten Papierhüllen, Gitarre
Gelände: ebene Wiese, ca. 30 m² groß
Gruppe: 7–18 Teilnehmer
Zeit: ca. 120 Minuten

Es ist ein erhebender Augenblick, bei Dämmerung, im Morgengrauen oder in der Nacht durch ein Meer von Lichtern zu schreiten. Ganz besonders feierlich ist dieser Moment, wenn die Lichter in Form eines Labyrinths gelegt sind.
Dafür kann sich die Gruppe in mehrere Teams aufteilen. Jedes Team legt zur gleichen Zeit sein eigenes Labyrinth: ein keltisches, kretisches oder gar das Labyrinth der Kathedrale von Chartres. Benutzt werden können dabei: Stift und Papier, Zirkel und Schnüre. Wenn alle Gruppen fertig sind, beschreibt jedes Team sein Labyrinth und erklärt, in welcher Weise es durchlaufen werden darf, worauf zu achten ist und was in ihm alles erlebt werden kann.

Varianten

1. Das Labyrinth wird kreativ ausgestaltet: mit Sternwerfern (Wunderkerzen), Kerzen in bunten Papierhüllen, mit Liedern und Gitarrenbegleitung...
2. Die Teilnehmer gehen einzeln, mit Abstand, ins Labyrinth; die Ersten auf dem Rückweg begegnen den Letzten auf dem Hinweg. Diese Begegnungen werden ganz individuell ausgestaltet (z.B. mit ein paar herzlichen Worten, einem Händedruck, einer Umarmung, mit Schulterklopfen usw.).
3. In der Mitte des Labyrinths werden Zettel mit aufgeschriebenen Wünschen verbrannt.
   Oder: Der Mittelpunkt des Labyrinths ist Ziel einer «Pilgerreise» oder Abschluss einer Visionssuche – ein Moment der Besinnung und der Umkehr.

- Die feierliche Stimmung ist für das Gelingen entscheidend.
- Manche Teilnehmer erleben das Lichtermeer-Labyrinth als einen Weg durch die Sterne, wie eine (vorgeburtliche) Planetenbahn.
- Besondere Plätze unterstreichen die Wirkung des Labyrinths.
- Labyrinthe bergen kosmische Geheimnisse, Irrgärten nicht.

Das Paradies

Material: Augenbinden, Zeichenblock und Stifte
Variante 2: Schätze, z.B. Süßigkeiten
Gelände: abwechslungsreich, mit Bäumen bestanden
Gruppe: mind. 10 Teilnehmer
Zeit: ca. 90 Minuten

Die Spieler befinden sich auf einer Waldlichtung oder einem Gelände mit markanten Bäumen, exotischen Pflanzen und herrlichen «Sehenswürdigkeiten». Die eine Hälfte der Gruppe pirscht durch das Gelände und malt eine Karte von ihrem Paradies, das z.B. zwölf «wunderbare Plätze» enthält. Diese Karte wird der anderen Hälfte der Gruppe übergeben, die jetzt versucht, gemeinsam die Paradieskarte zu entziffern und sämtliche Plätze zu finden. Im Paradies befindet sich als Letztes aber auch der «Baum der Erkenntnis». Die Spieler werden jetzt «blind» an diesen Baum geführt. Sie dürfen ihn gemeinsam gründlich ertasten und erkunden. Danach werden sie an den Ausgangspunkt zurückgeführt, wo sie die Augenbinden abnehmen und sich beraten können. Anschließend müssen sie den Baum der Erkenntnis wiederfinden.
Dann darf die andere Gruppe durchs Paradies.

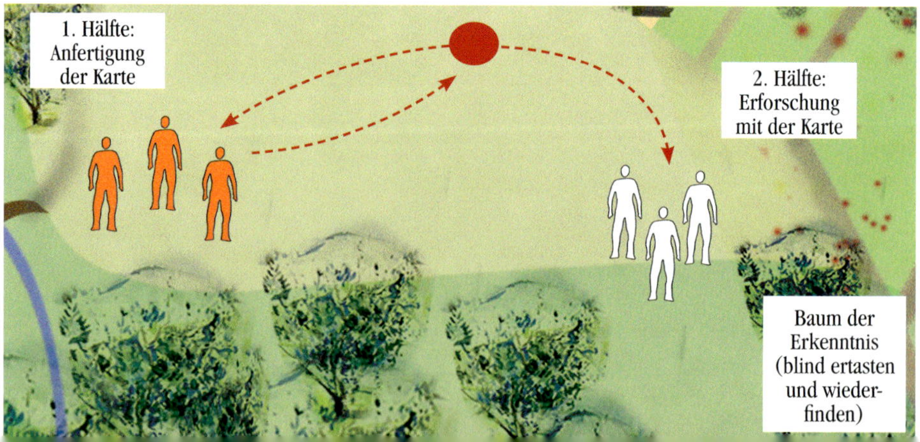

Varianten

1. Zusätzlich muss auch der «Baum des Lebens» gefunden werden. Es wird ein Spieler ausgewählt, der diesen Baum sehen darf. Mit Zeichenblock und bunten Stiften ausgestattet, macht er sich daran, eine Zeichnung anzufertigen. Währenddessen erkunden die anderen Spieler seiner Gruppe das Paradies. Anschließend versuchen sie anhand der Zeichnung, den «Baum des Lebens» zu finden.
2. Die Gruppe der Sucher kann jedes Mal, wenn sie einen «wunderbaren Platz» gefunden hat, eine Geschichte zu ihm erzählen. Was ist hier besonders, was kann man erleben, welche Wesen leben hier usw.? Vielleicht sind auch «Schätze» (Süßigkeiten) zu finden?
3. Der Ausgang des Paradieses wird nur einem «Auserwählten» verraten: Er wird in gebührender Entfernung zur betreffenden Stelle postiert und hat die Augen geschlossen. Dann läuft der Countdown: «10, 9, 8 …» Bei «0» darf er für eine Sekunde die Augen öffnen; in dieser kurzen Zeitspanne muss er sich alles möglichst genau einprägen und es seiner Gruppe beschreiben, wenn er zu ihr zurückkehrt. Auch die Schätze an den «wunderbaren Plätzen» (siehe Variante 2) können so gezeigt und wiedergefunden werden.
4. Jetzt tritt auch die Paradiesschlange in Gestalt von Luzifer persönlich auf den Plan. Er bekommt ebenfalls, gleichzeitig mit der suchenden Gruppe, die Karte des Paradiesgartens. Als Sieger geht er hervor, wenn es ihm gelingt, die Paradiesschätze und die Gegenstände der Gruppe (Augenbinden, Karten, Zeichnungen) zu rauben.

➤ «Das Paradies» kann in wunderbarer Weise die Augen für die Schönheit der Natur und der Landschaft öffnen.

➤ Man kann beide Gruppen gleichzeitig eine Karte des Paradieses zeichnen lassen. So können sie sich die «Paradiesgeschichte» gegenseitig vorspielen und schenken.

Schatzhauser

Material: Trillerpfeifen, Parteibänder, Lebensbänder, Tennisbälle
Variante 2 und 3: Taschenlampen
Gelände: Waldstück mit vielen Verstecken
Gruppe: 10 – 20 Teilnehmer
Zeit: ca. 45 Minuten

In einem Wald teilt sich die Gruppe bei Dämmerung in ein kleineres Team (Glasmännlein, Schatzhauser) und ein größeres Team von Jägern (Peter Munk-Freunde) auf. Die Schatzhauser bekommen 3 Minuten Vorsprung, bevor die Jäger die Verfolgung aufnehmen dürfen. Nach dieser Zeit schwärmen die Jäger aus und versuchen so schnell wie möglich die Fährte der Schatzhauser aufzunehmen.
Die Schatzhauser dagegen fliehen getrennt, in Tandems oder kleinen Gruppen, in den Wald und suchen das Weite oder zwischendurch auch Verstecke auf. Immer genau nach einer vollen Minute müssen sie mit einer Trillerpfeife ein lautes Signal von sich geben. Ein Schatzhauser ist gefangen, wenn ihm ein Jäger sein Lebensband abgejagt hat. Wie viele Schatzhauser sind nach 30 Minuten gefangen?

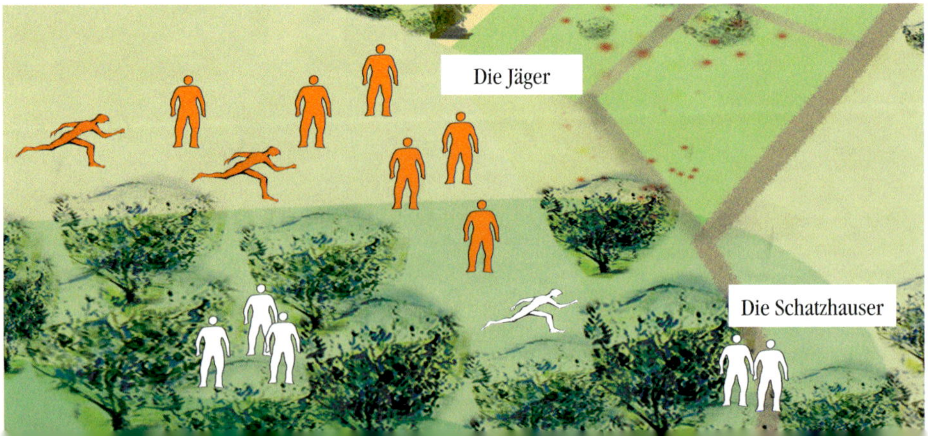

Varianten

1. Die Schatzhauser müssen ihr «Schloss» (z.B. ein Jägerstand, ein hohler Baum etc.) auf der anderen Seite des Waldes erreichen und wieder zum Ausgangspunkt zurückkehren, ohne von einem Jäger abgeschlagen zu werden. Auch hier muss immer nach 1 Minute gepfiffen werden.
2. Das kleinere Team der Waldmännlein zieht bei Dunkelheit in den Wald, wiederum auf der Flucht vor den Jägern. Sie müssen sich ebenfalls einmal in der Minute zu ergeben geben: Mit einer Taschenlampe müssen sie einmal im Kreis herum leuchten.
3. Die Schatzhauser tragen eine Taschenlampe mit sich, die ihnen hinten am Gürtel festgebunden ist mit Dauerstrahl nach oben. Sie müssen aus ihrem Schloss einen Schatz (pro Schatzhauser ein Tennisball) mitnehmen und versuchen, so viele Schätze wie möglich an den Ausgangspunkt zu bringen. Die Jäger sind ebenfalls mit Taschenlampen ausgerüstet und versuchen den Schatzhausern die Lebensbänder abzunehmen. Am Schloss kann er sich wieder ein neues Lebensband holen. Wenn ein Schatzhauser mit Schatz abgeschlagen wird, muss er seinen Schatz abgeben und am Schloss einen neuen holen. Wie viele Schätze sind nach 15 Minuten am Ausgangspunkt?

➤ Taschenlampenspiele in der Nacht lassen die Kinder in eine Traumwelt abtauchen. Wenn die Spieler mit ihren Taschenlampen wie kleine Glühwürmchen in der Nacht auf ein Licht hinströmen, ist plötzlich alles wie bei «Alice im Wunderland».

Die Festung

Material: 3 Stöcke, die aneinander gelehnt eine Pyramide bilden können. Parteibänder, Seile

Variante 1: Taschenlampen

Gelände: lichtes Waldstück

Gruppe: 8 – 18 Teilnehmer

Zeit: ca. 60 Minuten

In der Dämmerung sind zwei Mannschaften in einem lichten Waldstück unterwegs. Während die eine Mannschaft (die Verteidiger) eine Festung hütet wie den eigenen Augapfel, versucht die andere Mannschaft, gerade diese Festung zu erobern. Die Festung ist z.B. eine Pyramide aus drei Stöcken (oder andere Bauten, die leicht einstürzen und schnell wieder aufgebaut sind). Sie steht in einem Bannkreis von 10 m, der von den Verteidigern nicht betreten werden darf.

Eine Festung ist dann erobert, wenn es gelingt, in den Bannkreis einzudringen und sie umzuwerfen. Wer jedoch dabei erwischt wird und abgeschlagen wurde, der wird in ein Gefängnis abgeschleppt (mindestens 10 m von der Festung entfernt). Aber die Gefangenen können wieder befreit werden, wenn einer aus der Mannschaft es schafft,

einen Gefangenen an der Hand wieder herauszuführen. Nach einer Stunde werden die Mannschaften getauscht.
Wie oft wurde die Festung von jeder Mannschaft erobert?

Varianten

1. In der Dunkelheit dürfen Taschenlampen benutzt werden. Entweder beide Mannschaften oder nur die Verteidiger dürfen Taschenlampen verwenden.
2. Eine Festung darf nur dann erobert werden, wenn der Angriff zu zweit erfolgt (an den Händen haltend). Oder: Ein Gefangener (wer abgeschlagen wurde) kann so lange versuchen zu entkommen, bis er von zwei Verteidigern gefasst und abgeschleppt wird.
3. Nur in der Zeit, in der eine Festung erobert wurde, können auch Gefangene befreit werden. Und zwar genau so lange, bis die Festung wieder aufgebaut ist. Jeder Angreifer darf dabei aber nur einen Gefangen befreien.

- Vorsicht bei den körperbetonten Varianten! Der Spielleiter sollte die Gruppe dafür gut kennen.
- Die Festung sollte auf einer kleinen Lichtung in einem sonst sehr dichten Waldstück stehen, damit möglichst viele Verstecke für die Angreifer vorhanden sind.

Musketiere

Material: Lebensbänder, verschiedene Materialien (Seile, Bögen, Erste-Hilfe-Tasche ...)
Variante 1: Fackeln
Variante 2: 1 Trage oder Seile
Variante 3: Schwerter oder Stöcke
Gelände: Wald oder Wiese, ca. 100 m lang, Gebäude oder Turm (Jägerstand ...) am anderen Ende des Geländes
Gruppe: 7 – 20 Teilnehmer
Zeit: ca. 45 Minuten

Die Königin muss von ihren Musketieren durch ein Waldstück auf ihre Burg in Sicherheit gebracht werden. Im Wald haben sich aber die Königsgegner versteckt und wollen die Aktion vereiteln. Darüber hinaus ist es die Pflicht der Musketiere, die Burg der Königin auszustatten (mit einer bestimmten Anzahl von wichtigen Gegenständen; Schwerter, Bögen, Proviant, Laternen ...). Nach und nach versuchen die Musketiere, ihre Gegenstände durch den Wald zu transportieren, ohne von einem Gegner erwischt und abgeschlagen zu werden. Wenn einem Musketier das Lebensband entwendet wurde, muss er sofort an den Ausgangspunkt zurückkehren. Ist ihm dreimal das Lebensband genommen worden, muss er 5 Minuten pausieren. Irgendwann muss auch die Königin (mit einem Geleit der Musketiere?) zu ihrer Burg geschleust werden. Sollte die Königin dreimal abgeschlagen werden, ist die Mission gescheitert.

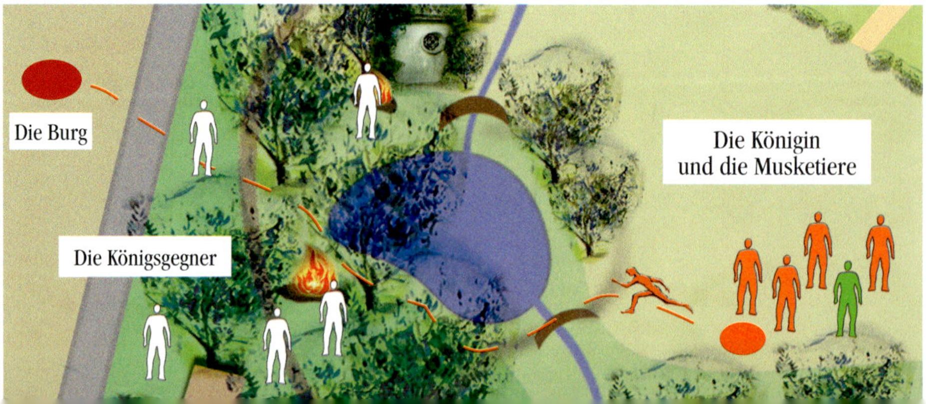

Varianten

1. *Fackelgeleit:* Besonders eindrücklich ist die Version, wenn die Musketiere zusätzlich brennende Fackeln in der Dunkelheit durch den Wald bringen müssen. Um das Spiel zu gewinnen, müssen die Musketiere auch ein Feuer vor der Burg entzünden. Ein Transportlauf mit einer Fackel ist besonders schwierig; deshalb darf ein Musketier, der eine brennende Fackel transportiert, zwei Lebensbänder mit sich tragen. Ist das erste Lebensband geraubt, darf er weiterlaufen, bis er auch das zweite Band verliert.
2. Die Königin darf selbst nicht die Burg besteigen. Sie muss mit Seilen oder einer selbst gebauten Trage hochgezogen werden. Die Musketiere haben gewonnen, wenn sie sämtliche Gegenstände in 30 Minuten zur Burg gebracht und die Königen sicher in die Burg geleitet haben.
3. Es können auch Schwerter (oder Stöcke) mitgeführt werden, sodass ein Gefecht darüber entscheidet, ob ein Lebensband abgegeben werden muss.

- 10 m vor der Burg beginnt die Bannmeile. In diese Zone dürfen die Gegner nicht mehr eindringen.
- Es sollten deutlich mehr Musketiere als Gegner im Spiel sein.

Die Treiber

Material: Softbälle
Variante 1: max. 2 m lange Seile, Kissen oder ausgestopfte Stofftaschen
Variante 2: Lebensbänder
Gelände: große Wiese oder Waldstück
Gruppe: mind. 12 Spieler
Zeit: ca. 45 Minuten

In einem Spielfeld befinden sich drei Mannschaften: zwei jeweils an den Stirnseiten des Spielfelds und eine genau in der Mitte des Feldes. Das Spiel simuliert das ökologische Gefüge der heimischen Tierarten: Die Spieler in der Mitte stellen die Beutetiere dar, die andere Mannschaft die Jäger, die dritte Mannschaft die Treibertiere. Für die Beutetiere heißt es, dem doppelten Angriff zu entkommen.
Die beiden äußeren Mannschaften rücken näher, und dabei können die Jäger versuchen, die Beutetiere mit Softbällen abzuwerfen. Jeder Jäger hat zunächst zwei Bälle; sind sie verworfen, kann er sich an der Grundlinie zwei neue holen. Die Treiber dagegen (mit 10 m Abstand voneinander) versuchen, die Beutetiere zu fangen (= das Lebensband aus dem Gürtel ziehen). Sie dürfen aber dem Wild nicht nachstellen, wenn es die Kette der Treiber durchbrochen hat und hinter ihnen ist. Das Gleiche gilt für die Jäger: Hinter ihrer Linie ist das Wild ebenfalls in Sicherheit und darf nicht mehr abgeworfen werden.
Ein Wild ist «zur Strecke gebracht», wenn es vom Softball eines Jägers getroffen oder

ihm von einem Treibertier das Lebensband entwendet wurde. Das Wild hat drei Möglichkeiten zu überleben: entweder die Treiberkette oder die Jägerlinie zu durchbrechen oder sich zu verstecken.

Varianten

1. Damit die Treiber eine höhere Chance haben, ein Wild abzuschlagen, können sie ein «Fanggerät» benutzen: An ein Seil (max. 2 m lang) wird ein Kissen (oder eine gefüllte Stofftasche) gebunden. Mit einem solchen «verlängerten Arm» haben sie beim Beutefang einen größeren Aktionsradius.
2. Damit das Spiel noch mehr «Action» hat, ist es dem Wild erlaubt, zwei Lebensbänder mitzuführen, eines hinten am Gürtel eingesteckt und eines in der Hosentasche als Reserve – entweder für ein zweites, eigenes Leben oder aber, um einem abgeschlagenen Wild (ohne Lebensbänder) das eigene Lebensband zu schenken und ihm dadurch «das Leben zu retten».

- Das Spiel geht noch mehr unter die Haut, wenn es in einem dichten Waldstück mit viel Unterholz gespielt wird.
- Spiele dieser Art können das Leben der Tiere erlebbar machen und sind deshalb unter naturpädagogischen Gesichtspunkten besonders wertvoll.
- Die Mannschaften dürfen sich vorab besprechen und eine Taktik entwickeln. Es ist eine interessante Erfahrung, einmal in jeder Rolle gewesen zu sein.
- «Die Treiber» ist in der Dämmerung oder bei Vollmond am faszinierendsten.

Abenteuerprojekte

«Der Mensch spielt nur, wo er in voller Bedeutung des Wortes Mensch ist, und er ist nur da ganz Mensch, wo er spielt.»

Friedrich Schiller

Wer Spiele liebt, die mit viel Abenteuer, Spannung und Herausforderungen gewürzt sind, ist bei den Abenteuerprojekten genau richtig. Und wer sich in diesen Spielen bewährt und hier seinen Mann oder seine Frau steht, dem wachsen Kräfte des «Helden» zu. Und er ist auch für die Stürme des Lebens bestens gerüstet.

Eiger-Südwand

Material: Klettergurte, Helme
Variante 1: sperrige Gegenstände, z.B. 1 Gitarre
Gelände: Hausmauer, Balkon, Vorsprung oder Fenster auf ca. 3 – 4 m Höhe
Gruppe: 7 – 12 Teilnehmer
Zeit: ca. 60 Minuten
Alter: ab 14 Jahren

Das Team muss ein ca. 4 m hohes Hindernis überwinden; geeignet ist eine (Haus-) Wand mit Fenster oder Balkon in entsprechender Höhe. Vorteilhaft ist es, wenn die Wand nicht allzu glatt ist oder schmale Fugen bzw. kleine Vertiefungen hat. (Die Originalform des Spiels erfordert eine 4 m hohe Holzwand, einen speziellen Bau mit Gerüst und abgesicherter Plattform zum Stehen auf der Rückseite der Holzwand.)
Die Gruppe ist lediglich mit Helmen ausgerüstet – Seil und Klettergurte sind nur «für den Notfall» vorbereitet.
Als größte Hürde wird schnell erkannt, wie der erste Kletterer es nach oben schaffen kann. Möglich wird es, indem die Gruppe eine stabile «Löwenpyramide» baut, z.B. mit drei Unter- und zwei Obermännern. Der erste Freiwillige versucht, auf diesem «menschlichen Gerüst», das sich so gut wie möglich an der Wand festhält, nach oben zum Fenster (oder Balkon) zu kommen. Von dort aus kann er dann die folgenden Kletterer von oben her unterstützen und mit nach oben ziehen (Pilotengriff). Schließlich ist es wieder eine außerordentliche Herausforderung, wie der Letzte nach oben kommt. Ein (nicht abgesichertes) Hängen aus dem Fenster ist nicht erlaubt und muss unterbunden werden. Möglich ist aber, dass der Letzte über den Vorletzten, der an beiden Armen von der Gruppe am Fensterbrett gehalten wird, hinaufklettert (vielleicht mithilfe eines Gürtels?). Sollte sich zeigen, dass das Heraufholen irgendeines oder des letzten Teilnehmers zu schwierig oder zu gefährlich wird, können Seil und Klettergurt ins Spiel gebracht werden.

Varianten

1. Als «Leckerbissen» kann gefordert werden, dass die Gruppe sperrige Gegenstände (z.B. eine Gitarre) nach oben bringen muss. Die Aufgabe kann leicht in einen «Plot» gekleidet werden, der die Motivation der Gruppe hebt. Beispiel: «Hinter diesem Fenster dort oben verbirgt sich die entführte Prinzessin …»
2. Bei geübten Gruppen kann auch ein Wettlauf mit der Zeit dazukommen. In bestimmten (nordischen) Ländern ist diese Übung mit genormten Klettergerüsten relativ bekannt. Dort finden gelegentlich auch Wettkämpfe auf Zeit statt.

- Diese Übung ist nur für eine sportlich versierte Gruppe möglich. Für wenig sportliche, stark übergewichtige oder nicht schwindelfreie Personen ist sie nicht geeignet.
- Wichtig für die Teilnehmer ist, dass die Gruppe den Kletternden andauernd unterstützt, auch durch gehobene Arme von unten.
- Die Aufgabenstellung kann in ihrer extremen Herausforderung das Team an seine physischen Grenzen bringen. So hat der Spielleiter hier eine gute Möglichkeit, die Gruppe in Grenzsituationen kennenzulernen. Kann sie die Nerven auch in kitzligen Situation bewahren? Wie geht sie mit Stress um? Ist sie stressresistent? Wie hoch ist ihre «praktische Intelligenz»?
  Denn das Geschick zeigt sich hier weniger in einem klugen Schlachtplan als vielmehr in der praktischen und sozialen Intelligenz während der Aktion. Aber auch klassische Männer- und Frauenrollen sind bei dieser Teamaufgabe ausgesprochen gut zu beobachten.

Alle für einen

Material: viele Schwerter (Larp- bzw. Polsterwaffen) oder Fechtstäbe oder Stöcke, ggf. Larp-Schilder
Variante: 1 Schatz, viele Lebenstücher oder -bänder
Gelände: abwechslungsreich, evtl. auch mit Treppen, Gebäuden
Gruppe: 8 – 40 Teilnehmer
Zeit: ca. 90 Minuten
Alter: ab 12 Jahren

Zunächst werden mehrere Mannschaften mit jeweils etwa sechs Spielern gebildet. Jedes Team hat eine Stunde Zeit, eine möglichst spektakuläre Fechtinszenierung einzustudieren. Der Präsentation liegt folgender Plot zugrunde: In einer Festung befindet sich ein wertvoller Schatz, der von den Roten Rittern streng bewacht wird. Auf dem Feld sind jedoch die Weißen Ritter, die ebenfalls Anspruch auf den Schatz erheben und die Festung zu stürmen versuchen.
Alle Mannschaften präsentieren eine Show, in der Weiße und Rote Ritter gegeneinander kämpfen. So wird z.B. Team A eine Fechtszene zeigen, in der zwei Rote Ritter von vier Weißen Rittern angegriffen werden. Nach einem harten Kampf werden die Weißen Ritter, trotz ihrer Übermacht, von den Zinnen gestürzt und müssen Fersengeld geben. Gewonnen hat jene Mannschaft, die eine Show präsentieren kann, für die sie am Schluss den größten Applaus und den Zuspruch des Spielleiters (oder der Jury) einheimst. Punkte werden vergeben für:

- Sportlichkeit (Akrobatik, «Stunts», Flugrollen, Radwenden, Sprünge, Salti …)
- Fairness (Sittlichkeit und Ehrenhaftigkeit, keine rohen oder brutalen Szenen)
- Originalität (Szenen mit Witz und Charme, Pfiffigkeit und Fantasie)
- Dramaturgie (Aufbau der Inszenierung, Spannungsbogen, Bühnenreife)

Gekämpft wird mit Stöcken, (Holz-)Schwertern, Stäben, Larp-Schwertern usw.

Variante

Zwei Mannschaften (dei Weißen und die Roten Ritter) treten gegeneinander an. Es wird mit Larp-Schwertern (Polsterwaffen) und Schildern gekämpft. Wieder verteidigen die Roten Ritter ihre Festung. Die gleiche Anzahl von Weißen Rittern greift die Festung an und versucht den Schatz (der an einem leicht zugänglichen Platz liegt) zu erobern. Schlägt ein Ritter einem anderen mit seinem Schwert auf dessen Schwert oder Schild, ist dieser herausgefordert und muss sich dem Kampf (am selben Ort) stellen; er ist dann entschieden, wenn ein Ritter drei Punkte gewonnen hat (den anderen Ritter dreimal am Rumpf getroffen hat). Der Gewinner darf zehn Sprünge hintereinander machen. Der Besiegte muss an der Landestelle von Sprung 10 weiterkämpfen, indem er sich dort neu ins Getümmel stürzt und von einem anderen Gegner herausgefordert werden kann. Gleichzeitig verliert er ein (weißes oder rotes) Tuch. Wer seine sieben Tücher verloren hat, muss ohne sein Schild weiterkämpfen (oder mit dem linken Arm, einbeinig etc.). Zwei Kämpfende dürfen nicht von einem Dritten angegriffen werden und müssen ihren Kampf zu Ende bringen. Ein Ritter darf nur dann den Kampf vorzeitig beenden, wenn er freiwillig eines seiner Lebenstücher abgibt. Hat er sechs Lebensbänder oder -tücher verloren, kämpft er einarmig weiter; beim nächsten Verlust kämpft er einbeinig weiter. Bei der nächsten Niederlage kann er nur noch als Schiedsrichter oder als «Schlachtenbummler» weiterspielen.

Das Spiel ist zu Ende, wenn der Schatz erobert wurde, eine Mannschaft aufgerieben wurde oder die Zeit abgelaufen ist. In der zweiten Runde werden die Rollen getauscht.

- Die Regeln müssen genau besprochen und eingehalten werden. Auf dem Spielfeld können Schiedsrichter eingesetzt werden.
- Vorab sind die Sicherheitsregeln intensiv zu besprechen.
- «Alle für einen» sollte nur mit Gruppen gespielt werden, die im Fechten geübt sind bzw. Erfahrung im Umgang mit Stöcken und Polsterwaffen oder Schwertern mitbringen.

Lebensbahn

Material: 1 Spielplan, Aufgabenkarten, Spielfiguren, Würfel
Gelände: irgendwo im Freien oder vor dem Eingang eines Schullandheims o.Ä. (als «Burgeroberung»); notfalls auch in einem großen Haus möglich
Gruppe: 7 – 30 Teilnehmer
Zeit: ca. 120 Minuten

Ein bis vier Teams begeben sich auf die «Lebensbahn». Jedes Team wählt sich zunächst seine Spielfigur und setzt sie aufs Startfeld des Spielplans (siehe Anhang, S. 242 f.). Aufgabe der Teams ist es, die Spielfigur so schnell wie möglich ins Ziel, den Burgeingang (Feld 63), zu bringen.

Die Mannschaften würfeln reihum und ziehen entsprechend ihre Spielfigur. Doch Achtung: Landet ein Team mit seiner Figur auf einem Feld der Siebenerreihe (7, 14, 21 …), muss es eine Aufgabenkarte aus dem bereitgelegten Stapel ziehen. Sobald die Gruppe die Aufgabe gelöst hat, kann sie wieder würfeln und weiterziehen. Welches Team erreicht zuerst das Ziel?

Die Aufgaben sollten, den Umständen entsprechend, ihren Schwerpunkt im sportlichen, künstlerisch-musischen, sozial-kooperativen, handwerklichen oder kognitiven Bereich (z.B. als Fragekarten zu den gerade behandelten Inhalten, dem Stoff des Lehrplans usw.) haben. Der Spielleiter legt die Aufgaben vorher fest; nur erfahrene Erwachsenengruppen können die Aufgabenstellungen auch im Vorhinein formulieren.

Beispiele für Aufgabenkarten:

- Auf die Melodie eines bekannten Liedes muss ein neuer Song gedichtet werden.
- Ihr müsst «blind» (umgekehrt angezogene Kapuzenjacken) in Dreierketten losziehen und schweigend eine Runde um unsere «Burg» (Schule …) ziehen.
- Geht zu zweit zusammen und versucht, entweder im Huckepack oder als Schubkarren diesen Hindernisparcours zu bezwingen. Wechselt euch zwischendurch ab.

- Legt mit mindestens zweihundert Steinen das Labyrinth aus der Kathedrale von Chartres.
- Beschreibt an einem Beispiel die vier Stufen der Streitschlichtung (Mediation).
- Bringt mindestens zehn essbare und drei giftige Pflanzen aus der Umgebung herbei.

Varianten

1. Die «Lebensbahn» kann zu Beginn einer Freizeit, einer Klassenfahrt oder eines Seminars als «Burgeroberung» gespielt werden. Das heißt: Eine Gruppe darf erst das Freizeitheim bzw. das Seminarhaus betreten, wenn ihre Spielfigur ans Ziel gekommen ist. In dieser Variante beginnen alle Teams gleichzeitig zu würfeln und zu ziehen, es gibt keine Reihenfolge. Für jedes Team sollte ein Schiedsrichter eingesetzt werden.
2. Kommen zwei Teams zufällig auf ein gleiches Feld, kann eine «Glückskarte» gezogen werden. Sie beschreibt eine Kooperationsaufgabe, die zwischen den beiden Teams gelöst werden muss. Ist sie gelöst worden, darf jedes der beiden Teams einmal zusätzlich würfeln. Beispiel: Die Spieler von Team A haben Bögen, sind aber «blind». Die Spieler von B müssen die Pfeile der blinden Schützen ins Ziel lotsen.

➤ Die «Lebensbahn» lehnt sich an das traditionelle und früher sehr populäre «Gänsespiel» an. Den Bezug des Gänsespiels zur menschlichen Biografie stellte beispielsweise auch Goethe in seinem Gedicht «Das Leben ist ein Gänsespiel …» (im *West-Östlichen Divan*) her..

➤ Das Spiel kann eine gute Gelegenheit sein, den Spielern die Gesetze der Biografik, der Jahrsiebte und der Lebensaufgaben transparent zu machen.

➤ Spielplan zum Spiel siehe Seite 242 f.

Am Rand der Unterwelt

Material: 2 oder mehrere Flöße (Aufbau siehe «Floßbau», S. 68 f.), lange Stangen, Paddel, 1 Schatzplan, 1 Schatz
Variante 2: Wäscheklammern
Variante 3: viele kleine Bälle
Gelände: Gewässer (Teich, See, ruhiger Fluss)
Gruppe: 12 – 24 Teilnehmer
Zeit: ca. 90 Minuten

Am Ufer eines Teichs liegen – etwas entfernt voneinander – zwei Flöße bereit. Die Gruppe ist auf zwei Mannschaften verteilt, denen je ein Floß zur Verfügung steht. Allen ist bekannt, dass irgendwo am Teichufer («am Rand der Unterwelt») ein Schatz vergraben ist.

Es gibt zwar einen Schatzplan, doch jede Mannschaft besitzt lediglich eine Hälfte des Plans. Ein Treffen der beiden Gruppen ist nur auf dem Teich möglich. So müssen die Teams also ihr Floß fahrtauglich machen und mit langen Stangen und Paddeln ausstatten. Dann können sie Kurs in Richtung Teichmitte nehmen. Dort docken beide Gefährte miteinander an, und die Teams fügen ihre Schatzpläne zusammen. Die Aufgabe ist aber erst dann geschafft, wenn beide Flöße «auf hoher See» miteinander verbunden werden und die Gesamtgruppe den Schatz geborgen hat.

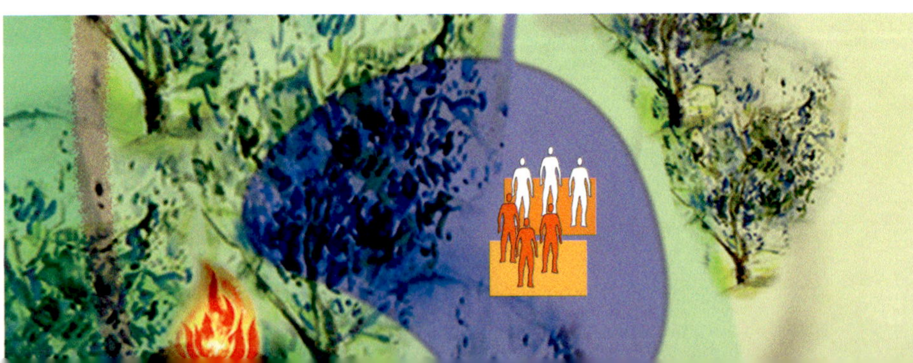

Varianten

1. *Orpheus:* Die Mannschaft befindet sich mit einem Floß am Rand der Unterwelt (Teichufer). Ein Mädchen (Eurydike) ist von den Wesen der Unterwelt geraubt worden und liegt an Händen und Füßen gefesselt auf einem Floß auf der anderen Seite des Teichs. Aufgabe des Teams ist es, das Mädchen zu retten, die Spieler dürfen aber das Floß des Mädchens nicht berühren! Das Mädchen wiederum darf das Rettungsfloß nicht berühren.
2. *Floßkampf:* Drei oder mehr Flöße (oder Boote) sind auf Kaperfahrt. Alle Besatzungsmitglieder haben drei Wäscheklammern am Pulli befestigt (zwei an den Oberarmen, eine am Bauch). Die Crews versuchen nun, möglichst viele Wäscheklammern der anderen abzureißen. Welche Crew hat am Ende die meisten Klammern?
3. Die Flöße fahren in 5 m Entfernung am Ufer entlang. Auf jedem Floß sind fünf Matrosen. Vom Ufer aus werden ständig Bälle zugeworfen, die gefangen werden müssen. Welches Floß hat am Ende die meisten Bälle?

➤ Spiele auf einem Floß oder mit Booten im Wasser gibt es unendlich viele: Staffeln, Nachtfahrten mit Lampions, Picknick auf dem Wasser, Regatten, Ball über die Schnur, Frisbee …

Seilbrücke

Material: mind. 2 Seile (Länge mind. 10 m),
1 starkes Tau (Länge mind. 10 m);
pro Teilnehmer: 1 Karabiner, Hüft- und Brustgurte, Reepschnüre, 1 Helm,
1 Bandschlinge
Variante 1: 2 zusätzliche Seile
Variante 2: mehrere Seile zum Überqueren
Variante 3: Flöße oder Boote
Gelände: mit Graben, Schlucht oder Fluss
Gruppe: 6 – 12 Teilnehmer
Zeit: ca. 120 Minuten

Der Albtraum jeder Gruppe: Mitten im Wald geht es nicht mehr weiter. Ein Fluss versperrt den Weg, und nirgendwo ist eine Brücke in Sicht. Lediglich ein Tau und zwei längere Seile stehen zur Verfügung, aus dem die Gruppe eine tragfähige Brücke bauen muss. Zum Glück ist am Ufer auch ein Boot, das aber nur für eine einzige Fahrt benutzt werden kann.
Zunächst wird zwischen zwei Bäumen auf beiden Seiten des Ufers das starke Tau (Statikseil) gebunden. In ca. 1,5 m Höhe über dem Tau wird anschließend das erste Seil angebracht und einen weiteren Meter darüber das zweite Seil. Das erste Seil dient als Hangelseil, während das zweite das Sicherungsseil ist. Von dem oberen Seil aus ist der Seilgänger über einen Karabiner, Bandschlingen und am Klettergurt abgesichert.

Die Aufgabe ist erfüllt, wenn die gesamte Gruppe (z.B. in 2 Stunden) auf die andere Seite gelangt ist.

Varianten

1. *Burmabrücke:* eine aufwendigere, aber sicherere Variante. Hier werden zwei zusätzliche Seile verwendet, die mit dem unteren Tau ein «V» ergeben und zusätzlichen seitlichen Halt bieten.
2. *Seilhangeln:* Es steht nur ein Seil pro Überquerungsstrecke zur Verfügung (s. Zeichnung S. 240), es können aber mehrere Seile an verschiedenen Stellen über den Teich gespannt werden, sodass einige Spieler ihn gleichzeitig überqueren. Wenn Seile sich kreuzen, kann ein Spielelement des vorigen Spiels («Am Rand der Unterwelt») aufgegriffen werden: Jeder Spieler trägt einen Teil des Schatzplans, und die Teile müssen unterwegs ausgetauscht werden.
3. *Seilfähre:* Über einen ruhigen Fluss, einen Teich oder kleinen See wird ein Seil gespannt. Die Überquerung des Gewässers erfolgt jetzt aber mit Flößen oder Booten ohne Ruder oder Paddel. So entsteht eine Fähre, mit der nach und nach alle Teammitglieder ans andere Ufer gebracht werden können.

➤ Wie kommt der Erste über den Fluss (den Graben o.Ä.)? Hier kann der Gruppe zusätzlich eine lange Schnur und Pfeil und Bogen zur Verfügung stehen. Zufällig steht der Spielleiter bereits am anderen Ufer.

➤ Besonders abenteuerlich ist die Seilbrücke in der Nacht beim Schein der Taschenlampen.

Plan B

Material: Funkgeräte (oder Handys), Landkarten, Kompasse, kleine Schätze
Gelände: großes, unübersichtliches, wegreiches Gelände (Wald). Wegstrecke mit ca. 2 – 3 km; viele Plätze mit Versteckmöglichkeiten
Gruppe: 6 – 18 Teilnehmer
Zeit: ca. 120 Minuten
Alter: ab 14 Jahren

Mitten in einem Wald wird die Gruppe («die Schatzsucher») in zwei Teams geteilt, da der ursprüngliche Plan, wie sie ans Ziel («den alten Turm») kommt, aufgegeben werden muss («zu gefährlich», «Spionageverdacht!»). Es muss auf «Plan B» zurückgegriffen werden! Der sieht vor, dass beide Teams getrennt voneinander gehen und je eine Landkarte mit eingezeichneten Schätzen ausgehändigt bekommen. Doch der Anführer der Schatzsucher (der Spielleiter) hat in der Hektik fatalerweise die Pläne der zwei Gruppen vertauscht! Team 1, das den linken Weg einschlägt, ist mit dem Streckenplan für den rechten Weg ausgerüstet und umgekehrt. Damit sind die Karten beider Teams unbrauchbar – es sei denn, es besteht eine Möglichkeit, die Wegbeschreibung, die der Gruppe jeweils vorliegt, der anderen Gruppe zu übermitteln …
Dafür stehen beiden Teams mehrere Funkgeräte (Walkie-Talkies oder Handys) zur Verfügung, mit denen sie sich gegenseitig lotsen können. Auf den Plänen sind mehrere

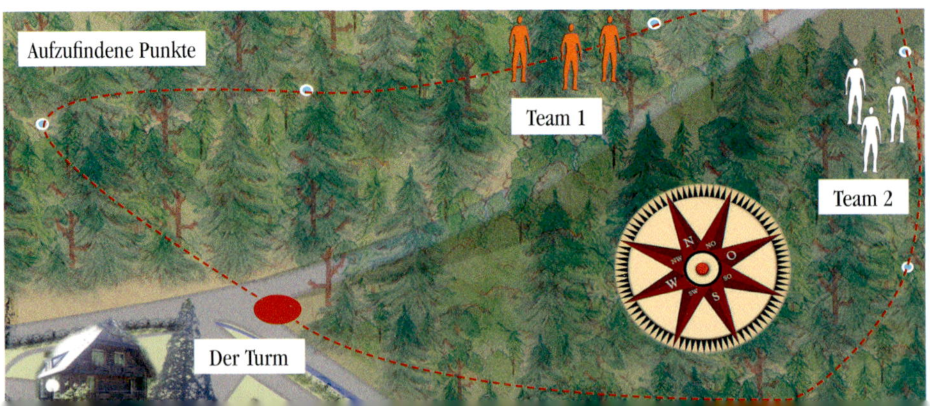

Punkte eingezeichnet, die das gelotste Team auffinden muss. Dort sind mehrere kleine Schätze versteckt; auch die Zahl der Schätze ist auf der Karte der steuernden Gruppe vermerkt. Findet Team 1 z.B. nur fünf von sieben Schätzen, müssen zwei Teammitglieder zwischen letzter Station und Turm mit Handicaps weiterlaufen (sie sind blind, stumm, ohne Arme, einbeinig, gebückt, gehen rückwärts, im Seitgang, werden auf einer Trage befördert usw.). Sobald alle am Ziel angelangt sind, ist die Gefahr gebannt.

Varianten

1. Es sind gleichzeitig vier oder mehr Teams unterwegs. Die Gruppen müssen als Erstes herausfinden, wer den «Plan B» für welches andere Team hat.
2. Alle Teams sind mit Fahrrädern unterwegs.
3. An den markierten Stellen müssen sportliche, handwerkliche, künstlerische oder Geschicklichkeitsaufgaben gelöst werden. Erst wenn die Aufgabe gelöst ist, darf die Gruppe weitergehen.
4. Alle Teams müssen nach genau einer Stunde die Karten ab- oder weggeben. Das letzte Stück zum Ziel muss also als «Blindflug» erfolgen. Die Teams steuern die anderen Mannschaften jetzt aus dem Gedächtnis und der Erinnerung an die Schatzstellen.

- Die Schatzpläne werden vor dem Spiel vom Spielleiter angefertigt.
- Reizvoll können folgende Teamaufteilungen sein: Männer – Frauen, Ältere – Jüngere, Nordlichter – Südländer, «Kopfarbeiter» – «Handarbeiter» …
- Es darf immer nur eine Minute lang gefunkt werden.
- Wurde ein Markierungspunkt nicht gefunden, muss ein Spieler ein Handicap übernehmen; es darf dann von keinem anderen mehr gewählt werden. Die kluge Verteilung von Handicaps ist also entscheidend für den Erfolg von «Plan B».

In der Pampa

Material: Augenbinden, geländetaugliches Auto, Handys, Land- oder Wanderkarte, Kompass, Messer, Taschengeld
Gelände: Umgebung mit geringer Besiedelung in 10 km Radius
Gruppe: 5 – 18 Teilnehmer
Zeit: ca. 180 Minuten

Eine kleine Gruppe (ggf. mehrere Gruppen) erhält vom Spielleiter eine Wanderkarte der Gegend, ein Handy, einen Kompass und etwas Taschengeld (einen «Notgroschen»). Die Gruppe weiß, was auf sie zukommt, und gibt dem Spielleiter eine bestimmte Zeit vor, z.B. sieben Minuten. Nun hat dieser exakt so viel Zeit, um dem Team Augenbinden zu verpassen, in ein Auto zu verfrachten und aufs Gas zu drücken. Nach genau sieben Minuten bleibt der Spielleiter mit dem Auto stehen – irgendwo «in der Pampa»: am Waldrand, auf einem Feldweg, an einem Fluss …
Die Augenbinden dürfen abgenommen werden, und in Windeseile versucht sich das Team mithilfe von Karte und Kompass zu orientieren und herauszufinden, wo ihr Standort ist.

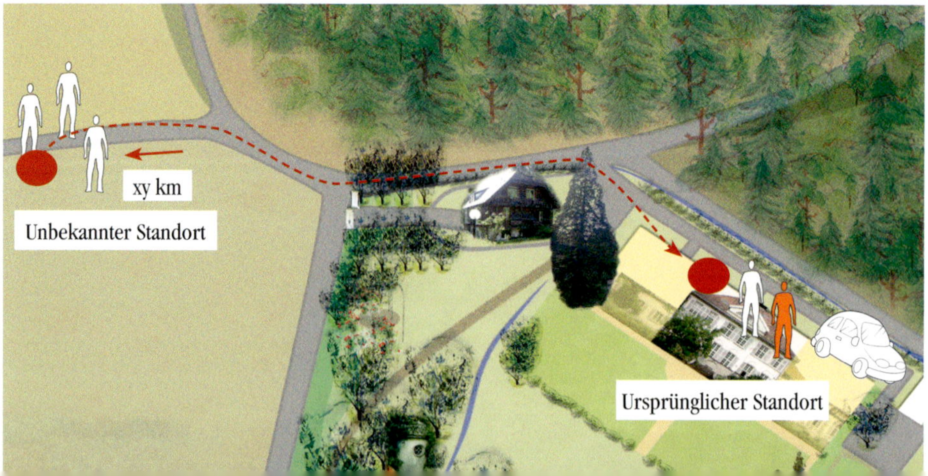

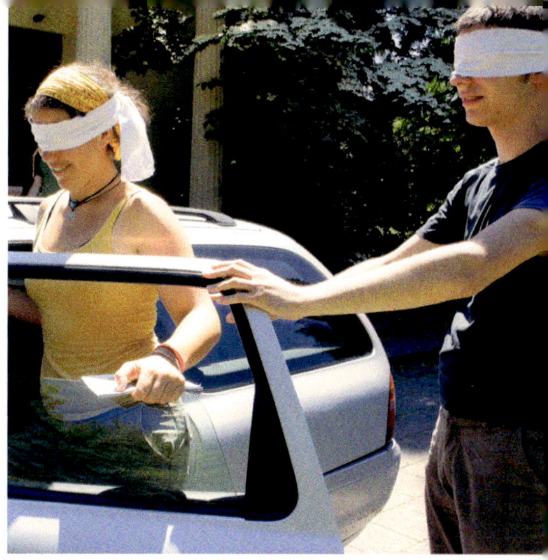

Wie lange braucht die Gruppe, um am ursprünglichen Standort anzukommen? Während der Rückkehr darf das Handy dreimal benutzt werden, um dem Spielleiter «Ja-nein-Fragen» zu stellen.

Varianten

1. Es können gleichzeitig mehrere Teams an den Start gehen. Alle erhalten die gleiche Zeitvorgabe und starten zur gleichen Zeit, jedes Team wird aber von einem Fahrer eines anderen Teams an eine andere Stelle gebracht. Im Basiscamp bleibt je ein Teammitglied mit Handy zurück, das mit dem ausgesetzten Team ständig in Rufkontakt sein darf. Welches Team kommt als erstes zurück?
2. Im Kofferraum können auch Fahrräder mitgenommen werden. Dadurch fällt der läuferische Aspekt weg, der sonst die «Fußkranken» benachteiligt.
3. Der Spielleiter fährt eine Stunde weit und setzt das Team möglichst am Rand einer Großstadt aus. Welches Team kommt als erstes zurück und hat die meisten Fortbewegungsmittel genutzt?
   Es können auch weitere Aufgaben mitgegeben werden.

- In der Urversion dieses Spiels hat der Spielleiter eine zentrale Rolle. Er sollte ortskundig sein und sich «kooperativ-neutral» verhalten.
- «In der Pampa» ist auch als fantastisches Nachtspiel möglich. Punkt Mitternacht wird das Team ins Auto nach Nirgendwo gesetzt …

Im nächsten Leben

Material: Gebäude mit vielen Außentüren, mehrere Bälle als «Lebenskugeln», Parteibänder, Seile
Variante 1: Handys
Variante 2: verschieden große Bälle (Tennisbälle, Tischtennisbälle, sehr große Bälle ...)
Gruppe: 10 – 24 Teilnehmer
Zeit: ca. 90 Minuten

Die Mannschaft der «Erdlinge» ist in einem Gebäude versammelt. Jeder von ihnen hat mehrere «Lebenskugeln» bei sich, die er unversehrt aus dem Haus zu schleusen und auf der umliegenden Wiese (Mindestabstand zum Haus: 20 m) abzulegen versucht. Doch um das Gebäude herum haben sich die «Hüter» postiert; sie wollen die Erdlinge fangen und abschlagen (d.h. ihnen das Lebensband entwenden). Diese werden also alles daransetzen, nicht von einem Hüter erwischt zu werden und ihr Lebensband zu verlieren. Kann ein Erdling ungeschoren eine Lebenskugel auf der Wiese ablegen, muss er noch ein mitgenommenes Seil siebenmal um sich herumlegen. Schafft er das, ist er frei («hat sein Leben gerettet»), und er bekommt ein neues Leben. Er darf mit freiem Geleit zum Gebäude zurückkehren und in einem neuen Versuch eine weitere Lebenskugel mitnehmen.
Nach 30 Minuten wird getauscht, und die Hüter werden Erdlinge. Wer hat die meisten Lebenskugeln gerettet?

➤ Das Spiel kann als Parabel auf das Leben und den Inkarnationsprozess gespielt werden, bei dem die Erdlinge ihr Leben (die Lebenskugel) aus dem Himmel (Gebäude) auf die Erde bringen.

Varianten

1. Beide Mannschaften sind mit Handys oder Walkie-Talkies ausgerüstet. Dadurch kann es immer wieder zu minutiös vorbereiteten, konzertierten Aktionen kommen. Ablenkungsmanöver, Täuschungen, Opferläufe und Finten sind auf diese Weise gut möglich.
2. Es können kreative Variablen eingebaut werden:
   - Jeder Erdling darf seine Lebenskugel im Lauf einem anderen Erdling zuwerfen. Fängt er sie in der Luft, darf dieser mit diesem Unterpfand versuchen, dem anderen Spieler sein «Leben zu retten» (d.h. die Kugel abzulegen und das Seil siebenfach um sich zu schlingen).
   - Es kann unterschiedliche Lebenskugeln geben, z.B. auch riesige Luftballons, Hüftbälle oder schwere Medizinbälle. Glückt es, «dieses Leben auf die Erde zu bekommen», zählt es doppelt.
3. Die Hüter dürfen in das Gebäude eindringen und versuchen, die «Schatzkammer der Lebenskugeln» aufzuspüren und zu entwenden. Wenn ein Hüter jedoch von einem Erdling im Gebäude abgeschlagen wird, dann muss er es für immer verlassen.

Mister X

Material: Handys, Pläne vom Verkehrsnetz der Stadt, Tagesnetzkarten der Verkehrsbetriebe, evtl. Mantel, Schal und Hut
Gelände: Großstadt mit Buslinien, Straßenbahnen, am besten auch mit Zügen oder U-Bahnen
Gruppe: 10 – 20 Teilnehmer
Zeit: ca. 3 Stunden

Ein berüchtigter Gangster, «Mister X», ist auf freiem Fuß und wird in einer Großstadt von der Interpol gesucht und gejagt. Innerhalb von drei Stunden muss er aufgespürt und gefangen werden.
Mister X bekommt fünfzehn Minuten Vorsprung, die er nutzt, um sich möglichst weit abzusetzen. Bei der Flucht darf er nur öffentliche Verkehrsmittel benutzen. Er darf sich auch nur in Verkehrsmitteln oder an den Umsteigestationen aufhalten. Immer zur Viertelstunde funkt er an den «Tower» (ins Büro der Mitspieler) und gibt seine «Koordinaten» preis (d.h. den genauen Standort und eventuell das Verkehrsmittel, in dem er sich gerade befindet). Wird er geschnappt, darf er als letzte Chance einen «Taxi-Joker» aus der Tasche ziehen, der ihm freies Geleit zum nächsten Taxistand und eine

fünfminütige Taxifahrt ermöglicht. Während der fünf Minuten muss die Interpol am Taxistand warten. Fällt Mister X den Fängern aber so in die Hände, dass er den Joker nicht mehr ziehen kann, ist es «aus» mit ihm. Wird er innerhalb von drei Stunden nicht erwischt, hat er gewonnen.

Varianten

1. Falls die Gruppe größer ist, kann auch ein kleines Team den Mister X spielen. Gleichzeitig können auch mehrere Agentencorps auf den Weg geschickt werden. Wichtig ist nur, dass tatsächlich viertelstündlich die Standorte der Gangster durchgefunkt werden.
2. Ein Gangster gilt schon dann als überführt, wenn er nachweislich gesehen wird; sei es an einem Bahnsteig oder hinter den Scheiben eines Busses. Mister X ist es nicht gestattet, zu Fuß von einer Haltestelle zur benachbarten zu laufen; er muss also stets an Ort und Stelle umsteigen.
3. Bei dieser Variante gibt es von vornherein drei oder mehrere Gangster (Mister X, Y, Z ...). Ihre Aufgabe ist erfüllt, wenn es ihnen gelingt, sich an einem (geheimen) Ort zu treffen und untereinander Mantel, Schal und Hut zu tauschen, bevor sie von einem Agent geschnappt werden. Wie vielen Gangstern ist es gelungen, zusammenzukommen? Jetzt werden die Rollen getauscht!
4. Für ausgefuchste Gangster gibt es eine extra ausgefeilte Aufgabe: Mister X muss einmal quer durch die Stadt kommen; oder (bei kleineren Städten) von der Kirche (o.Ä.) der Stadt A zur 20 km entfernten Kirche der Stadt B gelangen. Alle öffentlichen Verkehrsmittel sind gestattet. Auch diesmal heften sich ihm nach 15 Minuten die Verfolger an seine Fersen.

➤ Für dieses Spiel lohnt es sich, die nächste Großstadt aufzusuchen!

Aventüre

Material: Requisiten und Kostüme, zum Thema passend
Gelände: weitläufig und abwechslungsreich (Ausdehnung über mehrere Kilometer)
Gruppe: 12 – 30 Teilnehmer
Zeit: ca. 3 – 4 Stunden

Eine «Aventüre» ist eine ausgewachsene Abenteuerrallye, eine Mischung aus Schnitzeljagd und Outdoor-Theaterspiel, mit vielen Abenteuer- und Kooperationsaufgaben. Im Mittelpunkt steht die Idee, einen Stoff der Weltliteratur, ein Heldenepos erlebbar zu machen Die Themen reichen von der Tafelrunde des Königs Artus, der antiken Odyssee über den Pakt des Doktor Faustus bis zur Tragödie der Tempelritter.
Nehmen wir als Beispiel die Schlussszene aus einer Aventüre zu «Robin Hood». Robin Hood ist vom Sheriff in eine Falle gelockt worden, und seine Geliebte Mary Anne wurde ins Gefängnis verschleppt. Wie in einem Theaterstück werden nun die Rollen unter den Spielern verteilt: Robin Hood, Little John, Bruder Tuck, Mary Anne, der Sheriff, seine Schergen, Richard Löwenherz usw. Die Spieler sind Robin Hoods Gefährten, deren Aufgabe es ist, bis zum Einbruch der Dunkelheit Mary Anne aus den Fängen des Sheriffs zu befreien. Nur hat dieser sie irgendwo schwer zugänglich in einer Festung im Wald versteckt.
Die Gruppe stürmt los und findet kurz darauf Robin Hood, der von den Schergen des Sheriffs umzingelt wurde. Glücklicherweise schlafen die Wachen, sodass die mutigsten Gefährten versuchen können, lautlos an Robin heranzuschleichen. Falls dies gelingt und Robin befreit wird, darf der Weg fortgeführt werden. Falls es misslingt, wartet auf die Gefährten ein neues Hindernis: Sie müssen den Wachen als Lösegeld für Robin den goldenen Pfeil bringen, der sich in der Schlucht befindet.
In dieser Art geht es von Abenteuer zu Abenteuer. Der Ausgang der jeweiligen Prüfungen entscheidet über den weiteren Spielverlauf.

Die Gefährten setzen alles daran, so schnell wie möglich (vor Sonnenuntergang) das Versteck von Mary Anne ausfindig zu machen. Sie kann z.B. an einem Jägerstand gefesselt sein, der mitten in einem Moorgebiet steht. Die Spieler können nur zu ihr gelangen, wenn sie sich mithilfe von Moorsteinen unversehrt den Weg zu ihr bahnen (siehe «Moorpfad», S. 156).

Bei der «Aventüre» kommt es sehr auf die Spielleiter und die zentralen Rollenträger (Robin Hood, Sheriff …) an. Diese haben in der Regel einen festen Platz im Gelände, der je nach Spielstand von der Spielergruppe angesteuert werden kann oder muss. Einer der Spielleiter, der «Spielmacher», befindet sich inmitten der Spielergruppe und steht über Funk mit den anderen Spielleitern in Kontakt. Die äußeren Spielleiter, die «Drahtzieher», sorgen dafür, dass die Spielergruppen stets mit spannenden Abenteuern versorgt werden. Und: dass es – wenn verdient – ein Happy End gibt.

Variante

Zum Einstieg ist die «lineare Aventüre» zu empfehlen. Hier sind die Abenteuerstationen von vornherein festgelegt, z.B.

1. Station: Robin Hood finden (Anschleichspiel)
2. Überfall der Schergen (Kampfspiel)
3. Hinterhalt des Sheriffs (Kooperationsspiel «Blaubart», s. S. 42)
4. Der Weg zur Festung über den Fluss (Floßbau, s. S. 68 f.)
5. Stürmung der Festung (Fechtinszenierung)
6. Befreiung von Mary Anne (Geländespiel «Bannmeile», S. 180 f.)
7. Rückkehr von Mary Anne (Geländespiel «Schmuggler», S. 182)

Und zum Schluss das Festmahl!

Anhang

Materialien zu den Spielen

Zeichnung zu «Tarzan» (S. 20):

Zeichnung zu «Reifenschwingen» (S. 22):

Zeichnung zu «Stringball» (S. 26):

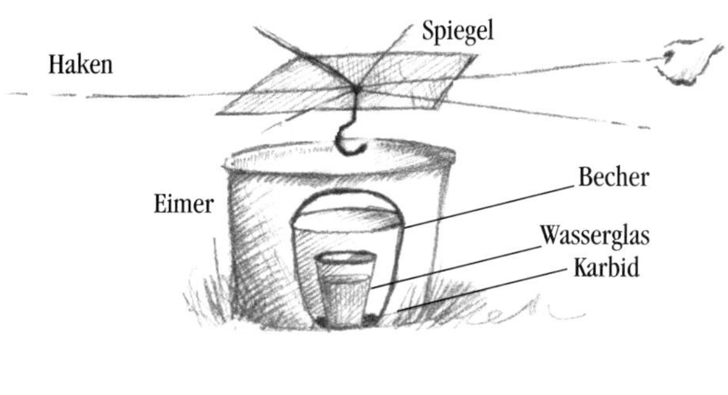

Zeichnung zu «Schachbrett» (S. 32):

Zeichnung zu «Giftteich» (S. 116) und zu «Seilhangeln» (S. 227):

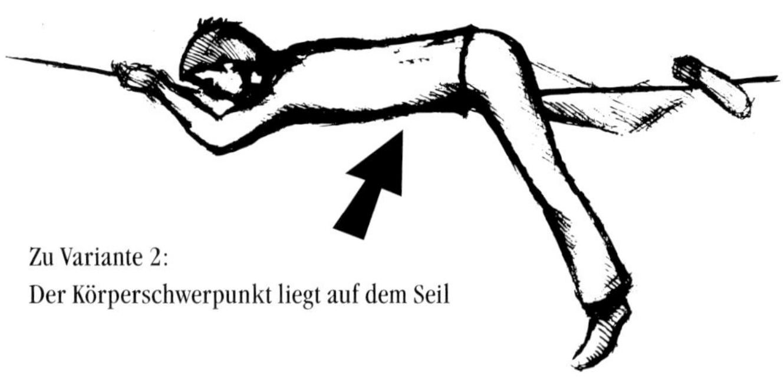

Zu «Löschtrupp», Variante «Fahrradparcours» (S. 163)

Spielfeld zu «Lebensbahn» (S. 222):

7: ....
14: ....
28: ....
35: ....
49: ....
56: ....

Karten zu dem Spiel «Die Tafelrunde» (S. 164): Zu jeder der hier als Kopiervorlage abgebildeten Figuren findet sich auf der folgenden Doppelseite die entsprechende Kartenrückseite.
Vor dem Spiel bitte die passenden Vorder- und Rückseiten aufeinanderkleben.

Bösewicht
Mordred

Gralssucher
Parcival

Heiler
Schionatulander

König
BOY'S
KING
ARTHUR
Artus

Liebender
Lancelot

Magier
Merlin

Retter
Gawain

Zauberer
Klingsor

Joker
Parzival

Heilerin

Wird diese Karte gezeigt, ist beim Lauf zum Schloss ein Abschlagen unwirksam.

Sigune

Gralshüterin

Kann z.B. eine Pfeife mitführen und sie insgesamt 3mal benutzen.

Repanse

Bösewicht

Kann einem aus der Tafelrunde bei der Suche nach Artus die Augen verbinden.

Morgaine

Magierin

Bei Vorlage dieser magischen Karte bei dem Spielleiter wird die Zeit angehalten (Pause / Besprechung).

Nimue

Liebende

Einmal darf Eloise einer männlichen Person zur Seite gestellt werden (zu zweit kämpfen).

Eloise

Königin

Entscheidet über die Zusammenstellung der Elemente der Hochzeitsfeier.

Gwenyfar

Retterin

Darf bei ihrem Lauf zum Schloss 7 Lebensbänder für alle mitführen.

Orgeluse

Hexe

Kann durch diese Karte eine friedliche Teilnahme für ALLE erwirken.

Kundrie

Joker

Du hast eine magische Minute, in der Du unbehindert agieren darfst.

Kundrie

Heiler

Wird diese Karte gezeigt, ist beim Lauf zum Schloss ein Abschlagen unwirksam.

Schionatulander

Gralssucher

Kann z.B. eine Pfeife mitführen und sie insgesamt 3mal benutzen.

Parcival

Bösewicht

Darf beim Laufen zum Schloss alle mit einem Wurfgeschoss (weicher Ball) abwerfen.

Mordred

Magier

Bei Vorlage dieser magischen Karte bei dem Spielleiter wird die Zeit angehalten (Pause / Besprechung).

Merlin

Liebender

Einmal darf Lancelot einer weiblichen Person zur Seite gestellt werden (zu zweit kämpfen).

Lancelot

König

Entscheidet über die Zusammenstellung der Elemente der Hochzeitsfeier.

Artus

Joker

Du hast eine magische Minute, in der Du unbehindert agieren darfst.

Parzival

Zauberer

Kann durch diese Karte eine friedliche Teilnahme für ALLE erwirken.

Klingsor

Retter

Darf bei seinem Lauf zum Schloss 7 Lebensbänder für alle mitführen.

Gawain

Michael Birnthaler

Erlebnispädagogik und Waldorfschulen

ISBN 978-3-7725-1693-1
272 Seiten, gebunden

Michael Birnthaler betrachtet Besonderheiten und Möglichkeiten der Erlebnispädagogik im Zusammenhang einer anthroposophischen Pädagogik. Er gibt Anregungen, wie erlebnispädagogische Elemente an Waldorfschulen umgesetzt werden können.

Die Schulung der Sinnesfähigkeit und die Sensibilisierung in der Wahrnehmung sind seit jeher wichtige Anliegen der Waldorfpädagogik. Dennoch hat sich die Waldorfbewegung bislang nicht dezidiert mit dem Phänomen der Erlebnispädagogik auseinandergesetzt. Das ist umso bemerkenswerter, als sich gerade aus der anthroposophischen Menschenkunde erhellende Erkenntnisse über die Erlebnispädagogik, ihre Potenziale und auch ihre Problematik herausarbeiten lassen.

Verlag Freies Geistesleben

Praxisbuch Erlebnispädagogik

Herausgegeben von Michael Birnthaler
ISBN 978-3-7725-1837-9
399 Seiten mit zahlreichen Fotos,
durchgehend farbig, gebunden

Erlebnispädagogik zählt zu den erfolgreichsten pädagogischen Richtungen der Gegenwart. Das *Praxisbuch Erlebnispädagogik* beschreibt umfassend und sehr detailliert die vielfältigen Methoden der Erlebnispädagogik und zeigt die große Bandbreite der Aktivitäten. Eine unerschöpfliche Fundgrube für Pädagogen, Lehrer, Erzieher, Neugierige und Abenteuersucher.